VALE DOS AMORES

1ª edição - Junho de 2022

Coordenação editorial
Ronaldo A. Sperdutti

Capa
Juliana Mollinari

Imagem Capa
Shutterstock

Projeto gráfico e diagramação
Juliana Mollinari

Revisão
Alessandra Miranda de Sá
Maria Clara Telles

Assistente editorial
Ana Maria Rael Gambarini

Impressão
Gráfica Paulus

Proibida a reprodução total ou parcial desta obra sem prévia autorização da editora.

© 2022 by Boa Nova Editora.

Av. Porto Ferreira, 1031 | Parque Iracema
CEP 15809-020 | Catanduva-SP
17 3531.4444

www.**lumeneditorial**.com.br
www.**boanova**.net

atendimento@lumeneditorial.com.br
boanova@boanova.net

Dados Internacionais de Catalogação na Publicação (CIP)
(Câmara Brasileira do Livro, SP, Brasil)

Cigana Carmelita (Espírito)
Vale dos amores / inspirado pelo espírito Cigana Carmelita ; [psicografado por] Maria Nazareth Dória. -- Catanduva, SP : Lúmen Editorial, 2022.

ISBN 978-65-5792-048-0

1. Espiritismo 2. Psicografia 3. Romance espírita
I. Dória, Maria Nazareth. II. Título.

22-111451   CDD-133.9

Índices para catálogo sistemático:

1. Romance espírita psicografado : Espiritismo   133.9

Cibele Maria Dias - Bibliotecária - CRB-8/9427

Impresso no Brasil – Printed in Brazil
01-06-22-3.000

MARIA NAZARETH DÓRIA

INSPIRADO PELO ESPÍRITO
CIGANA CARMELITA

VALE DOS AMORES

LÚMEN
EDITORIAL

Dedicatória

A todos os meus irmãos de fé, em especial àqueles que me apoiam nesta jornada.

Às minhas filhas Eliane, Carla e aos meus netos Lya e Otávio, pela alegria que têm doado a minha vida.

Sumário

Apresentação... 9

Capítulo I 13

Capítulo II.. 21

Capítulo III... 35

Capítulo IV... 59

Capítulo V 63

Capítulo VI... 79

Capítulo VII.. 101

Capítulo VIII 111

Capítulo IX... 117

Capítulo X 123

Capítulo XI... 129

Capítulo XII 139

Capítulo XIII 145

Capítulo XIV 153

Capítulo XV.. 157

Mensagens de Salen.. 173

Apresentação

Sempre fomos abençoados por Deus através dos Seus mensageiros, que são nossos mentores. Estes espíritos de luz foram seres semelhantes a nós, e, conhecendo nossas dificuldades e carências, trazem o conforto e a esperança para aqueles que lhes buscam.

O intuito deles é transmitir suas experiências no sentido de ajudar todos os irmãos a encontrarem o controle e o equilíbrio emocional e espiritual dentro de si para executarem suas tarefas, determinadas pela Lei do Pai Maior.

A reencarnação é uma oportunidade de progresso que Deus concede a todos os seus filhos, permitindo-nos a Lei do Livre-Arbítrio, que nos aponta dois caminhos a seguir: o do bem e o do mal.

A história tem mostrado e provado que ao longo do tempo o homem vem sendo auxiliado por espíritos iluminados e preparados para atender cada geração a trilhar os caminhos da luz.

Os templos espirituais vêm sendo enriquecidos pela luz e sabedoria dos bons espíritos mensageiros de esperança e paz. Entre eles está o povo cigano. Estes seres iluminados estão ligados à Terra, pois, quando encarnados, viajavam pelos quatro cantos do mundo.

Tendo em vista essa característica, eles incorporam na linha do Oriente, trazendo e mostrando trabalhos grandiosos para nosso crescimento espiritual.

São momentos mágicos quando recebemos um cigano nos trabalhos espirituais. Notamos uma riqueza toda especial em suas atitudes, conduta e no tratamento que dão às entidades dessa corrente.

O povo cigano, quando incorpora em seus aparelhos (médiuns), cria um clima de magia, alegria e esperança, e, como eles dizem: "... viemos acender uma fogueira em seus corações e fazer do seu templo um acampamento sagrado para nossa gente! Estamos aqui para servir a quem nos chamou".

Possuem uma elegância no tratamento a todas as pessoas, e muitas vezes temos a nítida impressão de estarmos em um acampamento cigano.

Brincam, riem, mas em todas as suas brincadeiras notamos amor e seriedade no trato com todos os presentes.

As ciganas ajudam todas as pessoas, mas elas têm um carinho especial pelas mulheres. Ainda há muita gente acreditando que estes espíritos têm preferência por homens, mas não é verdade. As ciganas ajudam todas as pessoas, independentemente do sexo, embora deem atenção especial às mulheres. Em seus trabalhos, ensinam ginástica para auxiliar em nossa saúde, movimentos que fazem contorcendo o corpo como numa dança.

Os maliciosos não percebem que elas estão trabalhando e, em seus graciosos movimentos, ensinando as mulheres a fazerem determinados exercícios físicos, os quais auxiliam no tratamento de determinadas doenças.

Algum tempo atrás, uma cigana alegre, linda e muito fina nos ensinou, e nos solicitou que ensinássemos a mulheres que têm nódulos e caroços nos seios, uma ginástica simples, uma espécie de dança que mexe com os músculos dos braços, dos seios e com a coluna, e de fato é eficiente para ajudar a dissolver nódulos e caroços dos seios, com a vantagem de, ainda, para aquelas que fizerem essa ginástica, prevenirem doenças nos seios e os manterem sadios e firmes.

Outro benefício comprovado é para aquelas que estão amamentando, pois é uma forma de proteger os tecidos, não deixando que se acumulem resíduos de leite, que causam os temíveis tumores e nódulos, cistos etc.

Ensinam, também, muitos outros movimentos de ginástica que auxiliam a coluna, o estômago, as varizes e outros órgãos, como útero e ovários. Elas têm o conhecimento de muitos remédios feitos à base de ervas, cascas, raízes, frutos e outros elementos da natureza, tais como pedras, argila etc.

Quem não entende o que as ciganas fazem, imaginam que estejam dançando e se divertindo. Uma delas nos disse:

— Quando estou trabalhando com um filho, ou filha, e o tomo em meus braços, o sentimento é o mesmo que uma mãe tendo nos braços o seu bebê. Infelizmente, nem sempre é possível exercer todos os nossos trabalhos com esses filhos, porque às vezes somos confundidas pela malícia humana, e temos de zelar pela moral do nosso médium. Não podemos comprometê-lo com a malícia que ainda existe em alguns templos.

Introdução

Os ciganos trazem uma cultura milenar; é uma pena que sua população, assim como os indígenas, estejam desaparecendo do planeta.

Não temos acesso a todos os seus conhecimentos e mistérios; eles são extremamente sábios. Os ciganos nasceram da união de várias tribos que foram se encontrando pelos diversos caminhos da vida e o vento os levou pelas estradas do planeta em todas as direções.

Eles são como os pássaros: não podem viver em um só lugar, não se habituam e não se apegam a nenhum espaço físico. A sua casa é o mundo, o seu teto é um céu estrelado, a sua cama pode ser dentro de uma carroça, ou sobre a relva. A sua bússola é o sol, a lua, as estrelas e o vento, que são grandes elementos para seus estudos. São extremamente criativos, trabalham para se manter; os homens são ótimos ferreiros, ourives, adestradores, curandeiros etc.; as mulheres são sensíveis, belas, inteligentes, determinadas, corajosas e dinâmicas. São verdadeiras estilistas, criam moda fina e elegante. As tribos concorrem entre si, fazem encontros festivos, desfilam com suas roupas e joias, cada um demonstrando suas criações.

Quanto às funções na cultura cigana, às mulheres cabe estudar desde cedo as trilhas do destino de sua tribo, através das linhas das mãos e de outras sábias ciências que ligam o céu à terra e à humanidade.

Os ciganos se relacionam amigavelmente com todos os povos do mundo. Adquirem produtos e alimentos de outras comunidades; são ótimos comerciantes; trocam seus produtos, que são sempre de boa qualidade, por aquilo que necessitam; respeitam-se entre si.

Preservam sua cultura, casam-se entre as tribos amigas e conhecidas. Zelam pela felicidade de seus filhos, preservam a privacidade de sua gente.

Tendo em vista essa preservação de suas comunidades, evitam a união com pessoas não pertencentes ao seu meio; não que desprezem as demais pessoas, mas sabem que o povo que está acostumado com a acomodação em uma casa, e outros métodos de vida, dificilmente se habituaria com a vida numa carroça. Mas se porventura acontecer de alguém vir a se envolver com eles e aceitar seus costumes, passa a ser tratado com igualdade, recebendo inclusive o batismo e um nome cigano, e então é admitido o casamento entre eles. A vida deixada para trás deve ser esquecida e jamais lembrada. Os ciganos trabalham, casam-se, criam seus filhos caminhando pelas estradas.

São prestativos e generosos; se por acaso eles estiverem em um local onde houver um acidente envolvendo resgates, eles são os primeiros a se atirarem em qualquer área de perigo para salvar qualquer pessoa desconhecida. São excelentes alpinistas e nadadores. Arriscam a própria vida para salvar a dos outros. Dividem o que estiverem comendo com qualquer um que tenha fome. São extremamente bondosos e prestativos.

Não atacam e não agridem ninguém; os verdadeiros ciganos respeitam a vida acima de qualquer coisa. Nenhuma mulher pode acusar um homem cigano de estupro, abuso sexual ou traição. Eu diria que os homens ciganos são os mais controlados, conscientes e ajustados do planeta.

Eles se casam por amor, por isso ouvimos falar muito no amor cigano; eles dão a vida e a alma pela amada, muitos morrem com ela. A união das almas ciganas é algo notável; é um mistério entre eles. Há casos em que, quando uma cigana adoece, o seu amado fica tão triste que adoece também, falecendo às vezes no mesmo dia, na mesma hora, de mãos dadas com sua amada.

Os filhos são preparados e ensinados para voar, mesmo não tendo asas eles aprendem desde cedo que não podem ficar parados por muito tempo em um só lugar.

Algo invejável entre eles é a fidelidade de uns para com os outros, entre eles se aplica o ditado "um por todos, todos por um".

Mexer com um cigano é mexer com toda a tribo; eles jamais se afastam de um lugar deixando um dos seus para trás.

Existe uma hierarquia entre o povo cigano: os filhos dos chefes ciganos desde cedo são preparados para substituírem os pais em suas tarefas, eles crescem conscientes de que serão líderes do seu povo.

Em uma tribo pode ter até três líderes e um chefe, dependendo da quantidade de elementos que a compõem; eles se dividem em grupos, mas estão sempre juntos nas decisões superiores.

Os mais velhos se tornam líderes dos mais jovens, por serem experientes em várias áreas de trabalho. Tratam todos os jovens como seus verdadeiros filhos, aconselham e interferem na vida deles para ajudá-los.

As mulheres mais velhas assumem diversas tarefas dentro da comunidade, sendo tão respeitadas quanto o chefe da tribo.

Na verdade, são elas que determinam toda a sorte de sua tribo, como grandes sacerdotisas.

Alimentam-se normalmente de frutos, vegetais e peixes. O povo cigano come pouca carne, estas entram na dieta deles em ocasiões de festa. Fazem seus eventos quando param em algum lugar para trabalhar, consertar as carroças, abastecer e repor os produtos de sua necessidade.

Nestas paradas, que são sempre próximas a um rio, mar ou cachoeira, eles pescam e trocam objetos feitos por eles por galinhas, porcos, cabritos etc. Vendem seus produtos, e com o dinheiro adquirem tudo de que necessitam para se manter.

Os ciganos são os maiores conhecedores de pedras preciosas e todos os metais nobres do planeta. Trabalham confeccionando joias com pedras, ouro, prata, que eles mesmos exploram do solo.

É pouco falado e divulgado que é nas mãos dos ciganos que se encontram as mais nobres peças de ouro e pedras do mundo!

Fazem suas festas sempre em volta de uma fogueira, cantam, tocam violinos (que eles mesmos fabricam), dançam, conversam e planejam a direção a tomar tão logo deixem o acampamento.

Suas rotas de viagem são baseadas no mapa do céu; conhecem bem todas as constelações, analisam o vento, a cor do sol e da lua, suas posições. Eles então estudam, desenham e traçam com segurança o caminho a seguir, além da ciência de suas mulheres, que ajudam os chefes da tribo a traçar uma jornada segura para todos.

Eles sabem, por meio da própria ciência, se no norte, sul, leste ou oeste vai ventar forte, cair tromba-d'água etc. E assim a caravana cigana segue sempre o caminho indicado pelos experientes cientistas que estudam o mapa do céu.

As mulheres têm por incumbência fazer a leitura das mãos e a leitura das cartas; jogam cartas entre eles para analisar as necessidades espirituais de cada um. Nas cidades onde o acampamento fica alguns dias, as mulheres saem às ruas lendo a mão dos habitantes, ou vendendo algumas joias, roupas e outros produtos por elas mesmas confeccionados.

O dinheiro adquirido por homens e mulheres é entregue ao chefe da tribo; ele é quem decide o que fazer em benefício de todos.

Todos os povos deveriam aprender com os ciganos o que quer dizer "trabalho em grupo" e "equipe de trabalho".

Aos homens cabe a leitura do espaço mais distante: o céu. Às mulheres cabe fazer a leitura do espaço mais próximo: a terra. Isso faz parte da cultura cigana.

Uma mulher cigana, quando menstrua pela primeira vez, em sua homenagem é dada uma festa no acampamento. Ela recebe muitos presentes e já pode ser prometida para algum jovem da sua tribo, geralmente ela mesma já deu a entender às mulheres mais velhas a sua preferência, estas transmitem aos homens mais velhos da comunidade o desejo da moça. As mulheres mais velhas, além de serem boas conselheiras, são as amadas vovós de todas as moças, que confiam plenamente nelas.

Uma mulher grávida entre os ciganos é tratada como uma deusa; ela recebe o melhor tratamento possível, todos a cobrem de atenção e guloseimas, afinal de contas, é mais alguém que Deus confiou nas mãos deles por intermédio dessa mulher. As mulheres mais velhas paparicam a futura mamãe, e as mais jovens fazem todo o trabalho que caberia a ela fazer. A melhor e mais confortável carroça será dela.

Os homens e as mulheres mais velhas discutem, estudam e calculam o tempo em que foi fecundado o bebê e o tempo em que virá a nascer (nunca erram a data do nascimento nem o sexo da criança), planejam a direção, se norte, sul, leste ou oeste, em que deverão acampar a fim de receberem a criança em segurança.

Quando chega a hora esperada, tudo já está pronto, a mãe é banhada com perfumes, vestida com a melhor roupa, usa a joia mais cara do acampamento; essa joia é o grande amuleto da tribo, e geralmente todos os que nasceram na tribo usaram a joia. Esta é usada pela mãe para dar boa sorte ao recém-chegado. Todos usam suas melhores vestes, cantam, dançam e acendem a fogueira, não importando a hora. A mesa deve estar farta de frutas, doces, carnes, vinhos e sucos. É uma data muito especial o nascimento de um membro cigano.

Assim que nasce a criança, o nome já foi escolhido pelos mais velhos e só então é comunicado para os pais; quem escolhe o nome do recém-nascido são os chefes da tribo juntamente com o conselho formado pelos mais velhos, apesar de a mãe já ter sugerido para as mulheres mais velhas os nomes de sua preferência. Mas quem dá a palavra final é o chefe. Todos vêm cumprimentar a parturiente e conhecer o novo membro. Todos levam presentes para o bebê, desde joias e roupas até carroças e animais.

Após o nascimento do bebê, eles contam sete dias (tempo em que o umbigo, com os cuidados ciganos, já caiu) para tirá-lo à luz do sol, tocar o solo e se banhar nas águas que cobrem a mãe Terra. Como sempre, eles acampam perto de um rio, cachoeira ou mar, onde o bebê será batizado; dependendo do mês em que nascerá o futuro membro cigano, um dos três locais citados anteriormente é escolhido.

No sétimo dia, o pai retira toda a roupa do bebê, estende uma manta no chão, coloca o recém-nascido por alguns minutos sob o sol da manhã (geralmente os batismos ciganos acontecem sob um bonito sol), em seguida leva a criança para debaixo de uma frondosa árvore, encosta a sua cabeça no tronco da árvore e o faz tocar a terra com os pés. De joelhos, mãos erguidas para o céu, apresenta a criança ao vento, ao sol, à lua e às estrelas, e vira-se apontando o norte, o sul, o leste e o oeste.

No batismo, a criança deve estar sempre despida; os ciganos acreditam que, se cobrirmos o corpo para o batismo, estaremos impedindo que a luz dos bons espíritos toque o corpo da criança. Após a confirmação do batismo, aí sim a criança é vestida com uma roupa nova: vermelha (mulher) ou preta (homem), e recebe do pai uma corrente com um medalhão de ouro com seu nome gravado, que é colocada no pescoço do filho, e só então o bebê é entregue nos braços da mãe.

Logo depois, a mãe vai até as águas correntes, banha o bebê, o chefe em voz alta chama a criança pelo nome três vezes; em seguida, reza e abençoa a criança, os pais e os padrinhos. Jogam-se perfumes e pétalas de rosas sobre a criança. Os padrinhos dos ciganos são sempre os espíritos de seus ancestrais. Ali na beira do rio, cachoeira ou mar, são colocados, pela mãe da criança, perfumes, joias, frutas e flores em intenção dos padrinhos (espíritos). Todas as pessoas presentes tocam na água e molham a testa, com todo o respeito. O batismo está confirmado.

É hora de festa e alegria, de fogueira acesa, de mesa farta, música e muita dança. Os dançarinos dançam em círculo em torno da fogueira, de costas para o fogo e de frente para os membros da comunidade. Após um sinal do chefe da tribo, eles cercam os pais da criança e dançam em círculo. O espírito do fogo, que aqueceu os dançarinos, agora toca a criança, iluminando os caminhos dela.

Todas as cerimônias ciganas são muito bonitas e repletas de sabedoria espiritual.

Todos os rituais ciganos, como o nascimento, o casamento e a morte, envolvem rituais e magias trazidos de épocas remotas.

Tudo isso e muito mais me foi revelado pela cigana Carmelita, que hoje desenvolve um belíssimo trabalho em muitos templos, amparando, ensinando e incentivando os filhos de Deus a andarem um pouco mais adiante.

A autora

Capítulo I

Já passava das dezoito horas. No alto da colina se ouvia o ribombar dos sinos, que tocavam na capela do lugar mais bonito do mundo, assim pensava Jardon. O lugar era chamado nas montanhas de Vale dos Amores, ou simplesmente Vale.

Era hora da Ave-Maria, e todos os dias naquela mesma hora um cavalheiro solitário observava o Vale no mais profundo silêncio, ouvindo o som da Ave-Maria. No alto da montanha, o som daquele sino parecia mais bonito.

Naquele momento, todos os moradores do Vale dos Amores paravam o que estavam fazendo e ficavam em silêncio. Era tradição do lugar: na hora da Ave-Maria, tudo parava. Cada um fazia a sua oração. O Vale, que era tão festivo e animado, naquela hora parecia que até mesmo o vento e os pássaros obedeciam ao ritual; todos faziam silêncio.

No Vale, uma jovem senhora estava de olhos cerrados, ajoelhada, como de costume, defronte às montanhas, orando e pedindo à Virgem Santíssima que protegesse sua filha.

| 21

As lágrimas desciam lentamente, caindo em pequenas gotas e molhando seu vestido de seda azul.

Onde estaria sua filha, onde?, perguntava-se Liza, esse era seu nome.

Parecia que Deus não ouvia o seu coração. Já teria morrido se não fosse a esperança que ainda tinha de encontrar sua filha.

Concentrada no seu sofrimento, lembrava-se de sua filha, meiga, sonhadora, a moça mais bonita e cobiçada de todo o Vale.

Parecia vê-la diante de si, pele clara, cabelos cor de mel caindo em cachos sobre os ombros. Os olhos pareciam duas esmeraldas polidas, e tinha um sorriso brilhante e alegre. Completamente diferente de todas as moças do Vale, os comentários eram os mais diversos — todos comentavam sobre os traços de sua filha.

Liza orava e implorava à Virgem Santa. Agora ela sabia que a Virgem Santa era a mãe do grande profeta dos homens. Quando estava nas montanhas, sua "mãe grande" se referia a Esse espírito como o Filho do Grande Pai: Herú (Deus) e Haherú (Jesus Cristo — o Filho do Grande Pai). Ela pedia que lhe mostrassem uma pista de sua filha; precisava conciliar-se com sua própria consciência. Seu marido, Benn, desde o desaparecimento da filha, tratava-a com desprezo, parecia outra pessoa, acusava-a pelo sumiço de Híria.

Desde o dia em que Híria nascera, seu marido se tornara o homem mais apaixonado entre todos os pais. Amava aquela menina com loucura; ele queria chamá-la de Berenice, mas Liza o convenceu a não atormentar a alma de Berenice, chamando-a a todo instante. Benn acabou concordando em chamá-la de Híria.

Liza lembrava-se das recomendações de Benn. Antes de partir em viagem de negócios, ele havia pedido:

— Não a deixe sair sozinha, nem mesmo no jardim.

E naquele dia ela se descuidara, deixando Híria ir até a fonte. O ciúme de Benn era demais, chegava a sufocar Híria; culpava-se por não ter feito nada para mudar o comportamento do seu marido.

Fazia uma semana que Benn viajava, e Híria andava de lá para cá dentro de casa. Ela adorava ir até a fonte perto da entrada do Vale. Liza não via perigo nenhum, visto ser tão próximo a sua casa, e por ali não circulavam estranhos.

Penalizada com a ansiedade da filha, recomendou:

— Híria, você pode ir até a fonte, mas volte logo, não se afaste de lá. Eu prometi ao seu pai que você não sairia, só estou deixando-a sair porque sei que você precisa respirar um pouco de ar puro.

Híria agarrou-se a ela, beijando-a no rosto e pulando de alegria.

— Ah, minha mãe das montanhas, eu adoro você! Sabe de uma coisa, mamãe? Eu iria com você para as montanhas e tenho certeza de que seríamos felizes lá! Isso se o meu pai também fosse, é claro. Estou morrendo de saudades dele... Apesar de me prender como um pássaro de estimação, eu o amo muito.

Liza sorriu e disse:

— Minha filha, as montanhas têm os seus filhos, e nós somos os filhos do Vale. Se fiquei lá algum tempo, foi por bondade de Deus. Tanto que voltei! Sou filha do Vale como você.

— Mas, mamãe, me conte uma coisa: seu pai não é um filho das montanhas?

— Provavelmente sim, Híria.

— Então sou neta de alguém de lá! Nós duas temos direito de gostar das montanhas, eu ainda vou lá, tenho certeza.

— Híria, acho melhor você não sair mais — disse Liza, inquieta. — Senti um arrepio...

— Mamãe, deixe de tolices! Eu sei me cuidar e a senhora já deixou. — Disse isso e saiu correndo pelo jardim. Passou pelo portão correndo; olhou para trás acenando para a mãe, os cabelos soltos voavam ao vento.

Liza orava relembrando aquele dia, as lágrimas escorriam por seu belo rosto. Benn agora bebia todos os dias, saía cedo e voltava à noite totalmente embriagado. Tornou-se um homem cruel e violento. Maltratava a família, os criados, os animais. Sempre fora tão gentil com Liza; agora a tratava com desprezo e brutalidade.

Liza lembrava o dia que conhecera seu marido e pensava na vida que estavam levando. Levantou-se e ficou olhando para o alto das montanhas.

— Ah! Mãe grande, se você estiver me ouvindo, me ajude, por favor... Sei que é livre para voar do Vale às montanhas e das montanhas ao Vale; procure minha filha, mãe! Será, mãe, que ela está morta? Eu preciso saber o que houve com ela.

Lembrava-se de que dali a dois dias sua filha completaria dezessete anos.

As lembranças invadiam sua alma.

— Jardon, Jardon, oh! Jardon, onde estará agora?

Aquela filha era dele também! Fora gerada com o mais puro dos amores; ela trouxera Híria no ventre para os braços de outro homem.

Lembrava-se do dia em que descera da montanha. Antes fora avisada por Dandar de que levaria no ventre uma semente que nasceria no Vale. Por isso ela tinha colocado o nome da filha de Híria, aquela que descera do céu.

Guardaria por todo o sempre seu segredo. Será que Jardon ficara sabendo que ela trouxera uma filha consigo?

Parecia que havia sido ontem que ela descera para o Vale, mas já tinham se passado mais de dezesseis anos.

Como estaria Jardon? As lembranças lhe cobravam essa pergunta.

Como estaria o povo das montanhas? Suas raízes haviam ficado lá...

Interessante que ela nada mais soubera do seu povo; quando estava nas montanhas, sabia que os homens das montanhas desciam para negociar com os homens do Vale. Mas, no Vale, ninguém comentava o que comprava ou o que vendia para os homens das montanhas. Ela reconhecia muitos produtos das montanhas sendo usados na vila. Ela mesma possuía alguns produtos comprados por Benn; conservava-os com muito amor.

Naquele instante, no alto da montanha, o cavalheiro solitário observava o Vale com o olhar perdido na beleza que se estendia à hora do crepúsculo: era Jardon, o guerreiro das montanhas, o chefe da tribo.

Seu olhar permanecia na direção da casa de Benn e Liza. Suspirou profundamente, perdido em seus pensamentos. Nunca mais viu Liza de perto, mas podia vê-la de longe e dizia para si mesmo:

— Com o passar do tempo, ela se tornou muito mais bonita; era assim que a via em meus sonhos.

Sorriu encantado com a imagem que avistava ajoelhada no Vale. Liza representava para ele as estrelas do céu, o sol, a lua, o ar que respirava. Podia vê-los, amá-los, mas nunca tocá-los. O Vale era como o céu: lindo, visível, real, mas proibido. Ali no Vale estavam a sua alma, o seu coração, a sua vida...

Todos os dias ele estava ali, naquele mesmo horário, chovesse ou fizesse sol. Tirava desses momentos as forças necessárias para guiar seu povo. Era o chefe de sua tribo, era a vida do seu povo, e esse povo jamais ficaria sabendo que toda a coragem de lutar por eles vinha exatamente daquela figura que todos os dias ficava de joelhos ao crepúsculo: a menina que descera das montanhas.

Na hora da Ave-Maria, ele podia ver sua amada de longe e não se sentir culpado.

Dedicava-se plenamente ao trabalho e ao bem-estar do seu povo. Mas daquela hora, no alto da montanha, ele não abria mão por nada; era a única coisa que lhe restara de bom na sua vida privada. Quantas coisas haviam se passado! A lembrança de Liza era como um bálsamo em sua vida; ele vivia desse sonho, dessas saudades.

Jardon observava Liza e pensava: "Faz algum tempo que ela ora sozinha. Onde estará sua filha; terá se casado?"

O amor é um sentimento capaz de mostrar à distância tudo o que se passa de bom ou de mau no coração do ser amado. Jardon sabia que Liza estava triste. Ela estava sentindo a falta da filha, sim, só podia ser isso, a menina tinha se casado. Sentiu-se triste, acabrunhado, nada podia fazer por sua amada.

Com o olhar perdido no Vale, relembrava o dia mais feliz de sua vida, o dia em que conhecera Liza. Lembrava-se do seu primeiro encontro com ela. Era um jovem feliz e despreocupado, jamais imaginara um dia estar correndo ao entardecer para observar o Vale, e agora esse ritual fazia parte de sua vida.

Era um dia ensolarado e quente; ele passava pelo Campo das Onças, assim chamado porque esses animais eram constantemente vistos por ali, pois iam atrás de caças. Ele andava a passos largos, quando ouviu o grito de uma mulher. Largou a caça e saiu correndo, a tempo de ver uma mocinha desabando do galho de uma mangueira.

Correu para acudi-la, mas ela estava com braços e pernas arranhados, e a ponta do nariz sangrava. Era uma linda garota, completamente diferente das mocinhas de sua tribo. Nunca tinha visto nenhuma moça parecida com ela; seria real, ou um espírito do Vale, conforme as histórias que sua mãe contava?

Ela parecia envergonhada, os olhos se encheram de lágrimas enquanto sacudia a poeira do vestido. Ele, solícito, perguntou-lhe:

— Machucou-se? Posso ajudá-la? Eu também já caí várias vezes, estes galhos parecem tão fortes e de repente desabam, não é mesmo?

Ela abriu um sorriso, ficando mais à vontade. Apontando para o alto, disse:

— Ia pegar aquelas mangas que estão quase maduras, quando o galho se quebrou; graças a Deus que só me arranhei! Já pensou ficar sem as mangas e ainda com um braço ou uma perna quebrada?

Jardon sorriu e falou para a moça:

— Passe para o outro lado que eu vou mostrar a você como derrubar mangas!

Liza passou para o outro lado e ficou olhando. Jardon pegou algumas pedras pequeninas e notou o olhar duvidoso da moça; deveria estar imaginando: "Até parece que ele vai derrubar alguma manga com essas pedrinhas..."

Ele ajeitou a pedra entre os dedos e atirou, correu a tempo de amparar a manga que desabou em suas mãos. E assim derrubou mais três. A moça estava de olhos arregalados, e ele, orgulhoso de sua pontaria.

Sentado no tronco de uma árvore, observava a moça, que permanecia de pé, ele então se apresentou:

— Sou Jardon, o filho do guerreiro Hurr e chefe da tribo. E você, quem é? — Antes que ela respondesse, acrescentou: — Com essa aparência, não é uma das moças da nossa tribo! Como chegou aqui? E de onde veio?

Ela, mais tranquila por saber de quem se tratava, respondeu:

— Sou Liza, filha da mãe grande da tribo. Como entrei aqui eu não sei; fui trazida ainda um bebê, assim me disse a mãe grande. — A mãe grande era a parteira da tribo.

Jardon fez um gesto de exclamação.

— Ah! Você é a filha da mãe grande!

— Sim — respondeu ela —, acho que todo mundo conhece a minha história. Em um dia de trovões, relâmpagos e muita chuva, fui deixada na porta da casa da mãe grande...

— Perdoe-me, não tive intenções de magoá-la — disse ele.

— Magoar-me? Eu dou graças a Deus por ter sido criada por ela como uma filha verdadeira. Ela só não me deixa andar por aí como todas as moças, porque eu não sou igual às moças da tribo; não recebi a permissão de conviver entre vocês.

— É, com certeza você veio de fora — respondeu Jardon.

— Ouvimos dos mais velhos que naquele dia o nosso guia retirou todos os homens dos seus postos por causa da tempestade; quem iria supor que alguém iria trazer um bebê e abandoná-lo aqui? Foi muita maldade, você não acha?

— Maldade, covardia e falta de amor — respondeu ela.

Jardon, olhando para a moça, pensou e falou alto:

— Eu lembro que já trabalhava e aprendia a atirar flechas com os homens da tribo quando você chegou. Quantos anos você tem? — perguntou ele.

— Nestes próximos dias estarei completando dezesseis anos; tenho que ir embora daqui, vou me casar com um rapaz do Vale, a mãe grande está arranjando tudo, com a permissão do vosso pai. Ela me disse que ele é bom rapaz e vai cuidar bem de mim, vou sentir muita falta das montanhas, mas devo seguir o meu destino. A preocupação dela hoje é morrer e me deixar desamparada; eu gostaria mesmo era de ficar por aqui. Só de pensar em ficar longe das montanhas me dá tristeza — e seus belos olhos se encheram de lágrimas. — Infelizmente não tenho outra escolha, não posso me casar com nenhum rapaz daqui.

Jardon continuava fitando aquela moça tão diferente de todas as moças da tribo, morena, olhos e cabelos negros e um rosto que mais parecia uma flor desabrochando entre as pedras.

Liza pegou duas mangas maduras, estendendo-as para ele.

— Fique com estas, levo as outras. Preciso ir antes que a mãe volte; hoje ela foi ajudar a nascer o filho de um dos guardiões da tribo.

— Eu sei, ela foi comunicar aos mais velhos da tribo, que estão preparando bebidas para a festa, e nós jovens devemos arranjar a caça para a comida. Pena que você não participa dessas festas, iria gostar.

Liza pegou as frutas e disse:

— Já estou indo, Jardon, por favor, não conte para ninguém que me viu e muito obrigada. — Afastou-se quase correndo, enquanto o jovem guerreiro observava encantado aquela criatura tão linda.

Antes de ela se encobrir, ele gritou:

— Liza!

Ela se virou.

— Gostei de conversar com você, estarei aqui todos os dias nessa mesma hora. — Ela corou e saiu correndo, o coração transbordava de alegria.

Jardon ficou mais um tempo sentado no velho tronco embaixo da mangueira. Se ele tinha vinte anos, estava com quatro quando ela tinha chegado, fazia ele as contas. Engraçado, ele havia se esquecido daquela menina por completo, pensava.

Levantou-se e se lembrou do seu compromisso: teria de levar a caça para a festa de nascimento do filho ou filha de seus primos. O guardião era filho do seu tio, irmão do seu pai, e a esposa, filha de sua tia por parte de mãe. Todos ali eram parentes, ninguém casava com gente de fora. A sacerdotisa preparava remédios para a tribo, assim não nasciam crianças doentes, pois, sem os remédios, dizia ela, as crianças poderiam morrer ou nascer defeituosas.

Seu pai lhe passara a lista de todas as moças que ele deveria escolher para se casar; ele ainda não tinha se decidido. Caminhava e pensava: "Se esta moça estivesse na lista, com certeza seria ela a minha escolhida..."

Pegou a forquilha com o animal e colocou nas costas; ao se levantar, calculou que pesava por volta de uns trinta quilos. Satisfeito, voltava com sua bela contribuição. O porco-do--mato era uma caça muito apreciada entre o seu povo.

Agora, nos seus pensamentos, uma imagem o atormentava: Liza.

Assim que chegou foi recebido com muitas palmas, era o primeiro a voltar da caçada e trazia boa sorte.

Enquanto as mulheres se encarregavam de cuidar do animal, ele foi até a cachoeira tomar um banho e nadar um pouco. Seu pai já tinha comunicado ao povo da tribo o nascimento de mais um membro. O filho do guardião era forte e saudável; seria um grande guerreiro.

Quando nascia um menino se comemoravam sete dias de festa; quando era menina, apenas três dias. Os mais velhos, homens e mulheres, instruíam os casais sobre o tempo certo para gerarem meninos ou meninas. Dificilmente erravam no sexo programado. Havia um equilíbrio entre os sexos, ninguém ficava sem casar por falta de parceiros.

A preparação de um guerreiro iniciava-se logo cedo; os homens só poderiam se casar após completarem dezenove anos. As moças, logo após completarem quinze anos.

Um guerreiro, dependendo de sua capacidade dentro da tribo, poderia se casar até três vezes. A cada sete anos, ele tinha o direito de escolher uma nova esposa. As suas ex-esposas passariam a viver em família e seriam tratadas como irmãs. As ex-esposas ajudavam as novas a cuidar de seus filhos. Não se deitavam mais com os ex-maridos, e, se por acaso o homem viesse a se arrepender da troca, teria que pagar sete anos de trabalho para a tribo.

Seu pai contava a história de um guerreiro que trocou sua esposa por outra e logo em seguida se arrependeu; quase enlouqueceu pela falta da ex-esposa. Então anularam o casamento e ele passou a trabalhar, além do exigido pela tribo, mais sete anos extras. E viveu feliz com a esposa até o fim de sua vida.

Esse novo guerreiro que tinha nascido era filho do segundo casamento de seu primo com a irmã caçula da primeira esposa.

Logo era ele quem deveria estar se casando; seu pai já lhe cobrava por isso.

Nas noites de lua, as mulheres que não tinham maridos iam se banhar no rio da cachoeira e brincar com os jovens sem esposa. Elas nunca ficavam grávidas nesses dias de brincadeiras no rio. Todas elas tomavam um preparado feito pela mãe grande da tribo, por isso eles ficavam tranquilos.

Pensou em Thira, sua companheira de brincadeiras no rio. Ela tinha vinte e cinco anos, conservava uma beleza invejável, talvez o marido não tivesse feito uma boa troca, porque Thira, além de bonita, era uma moça extraordinária.

Casara-se com dezesseis anos e após sete anos o marido escolhera outra esposa, ficando ela com dois filhos e fazendo parte da família como irmã do marido.

Nadava de um lado para outro no pequeno lago formado pela cachoeira, mergulhava e voltava à superfície como se quisesse lavar os pensamentos. A imagem de Liza não lhe saía da cabeça, por mais que tentasse esquecê-la.

E se nunca mais a visse? Não, isso não! Inventaria qualquer coisa para ir até a casa da mãe grande, não via a hora de chegar o outro dia, e quem sabe se ela não estaria lá?

Seu primo o chamava na margem do rio:

— Jardon! Jardon! Seu pai quer vê-lo.

Ele saiu das águas, secou-se um pouco com as mãos, vestiu-se e saiu apressado. O que desejava seu pai? O primo, que já estava casado, sorria e lhe falava:

— Meu tio quer aproveitar uma grande festa comemorando nascimento, batizados e noivados.

Assim que chegou à área onde se reuniam os mais velhos da tribo, uns dez rapazes já estavam sentados entre os anciões. Seu pai gentilmente lhe apontou um banco.

— Senta-te, meu filho — disse apontando. — Jardon, meu filho — continuou o pai —, nós estamos acertando uma festa só para o nascimento de Thure, alguns batizados e o noivado de vocês. A maioria dos jovens aqui já escolheram suas noivas, apenas não foram revelados os nomes ainda, esperando por você, que tem a preferência de escolha por ser meu filho. Você já sabe quais são as moças disponíveis para o casamento. Aquela que você escolher será sua esposa.

O jovem empalideceu; a moça que ele queria não estava na lista de escolha. Engasgou-se antes de perguntar:

— Meu pai, tem que ser agora? Podemos pensar mais um pouco antes de falar? Fui pego de surpresa.

Os mais velhos cochicharam, e então o seu pai falou:

— Meus filhos, vocês podem ir, pensem mais um pouco em suas escolhas. Quando o sol estiver no centro da colina mãe, todos estejam aqui; ficarão noivos daqui a três dias, mas o nome das noivas será conhecido ainda hoje.

Jardon afastou-se cambaleando, os outros jovens riam-se dando tapinhas nas costas uns dos outros, todos estavam felizes, menos um: Jardon.

Sua mãe e a segunda ex-esposa do seu pai serviam o almoço, a terceira esposa estava sentada ao lado do seu pai com uma barriga imensa. Fazia um ano e poucos meses que seu pai se casara com Dhara, de apenas dezesseis anos. Ali todos esses acontecimentos eram considerados normais.

Corajoso como sempre fora, ele arriscou uma pergunta:

— Meu pai, eu estava me lembrando daquela menina que colocaram na porta da casa da mãe grande. Ela deve estar na idade de se casar, o senhor não vai casá-la?

O velho guerreiro engoliu o que mastigava, parou e olhou para o filho dizendo:

— Jardon, essa moça não pertence ao nosso povo, iríamos quebrar as nossas tradições, além de mudar a nossa raça. Ela vai se casar com um filho do Vale, de onde com certeza foi trazida para cá.

O pai, sério, olhava para ele e então começou a questioná-lo:

— Por que me fizeste esta pergunta?

Jardon engoliu em seco. De cabeça baixa, nada respondeu.

— Por acaso andou esgueirando olhares para essa moça, Jardon? — insistiu o pai em perguntar e ao mesmo tempo justificar: — Eu consenti à mãe grande ficar com ela e criá-la com a promessa de devolvê-la para o seu povo. Também pedi, para o bem dela e da tribo, que fosse afastada dos nossos costumes; nunca tive reclamações a esse respeito, mas agora você me deixou preocupado. Onde viste a moça? Conta-me tudo.

Jardon inventou que estava caçando e quase acertou-lhe uma flecha pensando ser uma capivara. Só então ficou sabendo que se tratava da menina abandonada na tribo.

O velho guerreiro continuou comendo e disse:

— Ainda bem, Jardon, que foi apenas isso. Vamos comer em paz, deixemos esses assuntos de lado. Depois do almoço, vá andar um pouco pelos lugares sagrados e não se atrase; o conselho da tribo estará reunido na hora marcada.

Jardon engolia a comida a contragosto; não podia deixar de comer, era costume entre o seu povo comer tudo o que lhe servissem. Podia repetir quantas vezes quisesse, mas o primeiro prato era sagrado; gostando ou não, deveria comer o que fosse servido.

As mulheres se especializavam na cozinha, a comida era feita com todo zelo. Ele não via a hora de terminar aquela refeição e desaparecer mato adentro em busca de uma luz.

Iria falar com Dandar, ela era a sacerdotisa da tribo, as mulheres iam lá a qualquer hora do dia, menos à noite, mas os homens só procuravam a sacerdotisa em ocasiões especiais, e aquela situação agora era muito especial.

Despediu-se dos membros de sua grande família e saiu a passos rápidos.

Seu pai comentou com a esposa:

— Posso estar enganado, mas meu filho está aflito na escolha de sua esposa.

Capítulo II

Jardon foi até o alto da montanha, onde ficava a morada de Dandar. Ele nunca tinha ido a sua procura, mas a situação agora era diferente; somente ela poderia ajudá-lo.

Bateu palmas e ficou esperando. Uma enorme jiboia estava encolhida próximo à porta de entrada e várias serpentes menores circulavam tranquilamente em volta da casa.

Suspendendo as palhas que cobriam a janela, surgiu uma velha que, aos olhos de Jardon, pareceu-lhe centenária: cabelos brancos, enrugada, apenas os olhos pareciam vivos naquele corpo esquelético.

— Entre, meu rapaz — disse a velha, já se afastando da janela. Ele, tomando cuidado para não pisar nas cobras, aproximou-se da entrada. Ela apontou um pilão de madeira deitado no chão que servia de assento.

A velha sacerdotisa, olhando-o, perguntou:

— Você é o filho do guerreiro chefe?

— Sim, senhora, sou eu mesmo.

— Bem, meu rapaz, o que está escrito nas estrelas não podemos mudar. O seu destino é ficar na tribo e o dela é sair da tribo.

Parecia ler todos os pensamentos do rapaz. A sacerdotisa continuou falando:

— Neste momento, ela daria tudo para te ver e você veio até aqui somente para ouvir o que já sabe: o teu sentimento pela moça. Infelizmente, meu filho, nesta vida que levamos, muitas vezes ficamos apenas com o sonho. Este é livre, e tu podes amar a quem bem quiseres em teus sonhos. Um dia eu também fiquei apenas com o sonho e mesmo assim me sinto feliz porque ainda posso sonhar. Teu avô era tudo o que sonhei para a minha alma; infelizmente ele escolheu minha irmã, e eu me casei com outro. Nunca deixei de amá-lo dentro da minha alma. Dei graças a Deus quando o meu ex-marido escolheu outra esposa; depois de sete anos, fiquei livre para viver meus sonhos. Nasci para ser sacerdotisa e, depois que fiquei livre, fui agraciada na liberdade de me dedicar àquilo que gosto de fazer: ajudar os meus a viverem melhor. Nunca deixei de amar o seu avô; nem por isso deixei de viver ou de relaxar nas minhas obrigações. O amor é isso, meu filho: liberdade. Os deveres da alma são coisas bem diferentes dos deveres da matéria. Se a tua obrigação é com a tribo, serve bem a ela e jamais lamente pelo que faz. Guarda em teu coração o que é somente teu: a liberdade de amar a quem sua alma busca.

Jardon apenas ouvia. Suas mãos estavam transpirando e, sem perceber, lágrimas desciam de seus olhos. De repente se pôs de pé e falou:

— Sacerdotisa, como sabe tudo isso de mim, se a ninguém abri o meu coração?

A velha Dandar sorriu, mostrando as marcas deixadas pelos anos.

— Oh! Meu filho, leio todos os dias as mensagens do céu e ouço o que me falam os pássaros e minhas pequenas companheiras — disse apontando para uma serpente enroscada no teto. — Vão por aí e trazem notícias de tudo o que se passa na nossa tribo.

Um pássaro cantava no alto da serra; seu canto era triste. A velha sacerdotisa fez menção de se levantar, e Jardon acudiu em ajudá-la. A sacerdotisa disse:

— Jardon, segue pelo atalho a tua direita, sobe a colina, observa uma casa branca que fica no Vale; ela será a morada de tua amada. Dessa colina, Jardon, você poderá vê-la muitas vezes, e não te desesperes, quem ama não sofre. Caminha vinte passos até uma fenda no centro da pedra, fica em frente dessa rachadura e descobrirás que, quando o sol declina para trás das três montanhas, ela se abre, dando passagem para o outro lado do Vale, onde tu ficarás em frente da casa de sua amada, podendo vê-la de longe, sem ser visto do outro lado do Vale. Esconde-te na fresta do outro lado e, antes do escurecer, deves retornar rapidamente, porque as pedras se fecham com as primeiras estrelas que aparecem no céu. Não deves comentar isso com ninguém ou jamais encontrarás essa entrada que lhe ensino. Ainda hoje deverás escolher a tua esposa; como o teu coração já tem dono, escolhe pela razão, pede a filha do Moni para ser tua esposa. Daqui pra frente nada mais posso te falar sobre o teu amanhã, mas hoje ainda posso te favorecer um último encontro com sua amada. Ela neste momento sobe a colina a minha procura; vai ao encontro dela. Faz desse pouco tempo com ela a sustentação de toda a sua caminhada nesta terra. Adeus, meu rapaz, segue o teu destino, não posso arrebentar a rocha que você mesmo preparou para os teus caminhos. Vai ao encontro de tua vida; um minuto diante da luz compensa horas na escuridão.

Jardon se afastava e ela observava a figura alta do jovem que, cheio de tristeza e de paixão, deixava a sua cabana.

— Ah, se fosse possível, minhas queridas — disse isso alisando uma serpente —, a gente transformava o mundo em um paraíso! Certamente eu faria com que os dois ficassem juntos, e faria com que todas vocês virassem lindas borboletas com asas fortes para voarem...

Ao chegar à Trilha dos Lobos, assim era chamada por ser uma região de cadeias de pequenas grutas onde os lobos se agrupavam para procriarem, ele avistou Liza, que vinha subindo a colina.

Desceu as pedras correndo, chegando até ela. Abraçaram-se. Liza chorava; ele apertava a moça em seus braços. Jardon pegou Liza pela mão, levando-a até um lugar seguro e aconchegante que ficava ali perto.

Falou-lhe da descoberta do seu amor por ela e das exigências do seu povo.

Ela lhe contou que partiria das montanhas dentro de poucos dias e sabia que nunca mais voltaria a subi-las novamente. Confessou seu amor por ele, e, como se cada minuto valesse anos, numa magia de que somente o amor é capaz envolvendo os dois seres apaixonados, entregaram-se um ao outro com amor, paixão e desespero. Enquanto se amavam, fizeram um juramento: jamais deixariam de se amar, acontecesse o que acontecesse; na alma estariam juntos para sempre.

O sol começava a descer por trás da colina e Jardon então lembrou-se do que seu pai havia lhe recomendado: não se atrasar.

Liza levantou-se, olharam-se, abraçaram-se em silêncio. Foi Liza quem disse:

— Adeus, meu amor — e saiu correndo em direção à casa da sacerdotisa.

Jardon ficou parado por alguns minutos observando o local onde os dois tinham se amado. Avistou uma pulseira de couro com algumas pedrinhas coloridas; abaixou-se, tomando-a entre as mãos, levou-a aos lábios e, beijando-a, guardou-a no bolso como a coisa mais preciosa de sua vida, uma lembrança de Liza.

Desceu rapidamente a colina, chegando na hora em que os mais velhos se reuniam para acertarem sua vida. Pediu licença e sentou-se no mesmo banco que seu pai lhe indicara antes.

Estavam todos ansiosos. O velho guerreiro lhe perguntou:

— E então, Jardon, quem é a sua eleita?

Sem demora, ele respondeu:

— A filha do Moni é a minha escolhida.

Todos se entreolharam. O pai, um tanto desconcertado, disse-lhe:

— Jardon, a filha mais nova do Moni casou-se o ano passado com o seu primo Tim. A outra filha é a Bir, de dezoito anos. Estás certo do seu pedido?

— Sim, meu pai, estou certo do que lhe peço.

— Assim seja feita e respeitada a vontade do meu filho — contrariado, respondeu o chefe da tribo. Os outros jovens pareciam aliviados; nenhum deles tinha escolhido Bir, a filha do Moni, para esposa. A moça nunca fora escolhida por nenhum jovem; já fazia três anos que o seu nome ficava para trás.

Assim que deixaram o local, os jovens se dispersaram, e alguns comentavam:

— O filho do chefe ou é louco ou é bobo! Como filho do chefe, ele não precisa de dotes; escolheu a moça mais sem graça da tribo.

Um deles, rindo, retrucou:

— Gosto não se discute, meu caro.

Um outro comentou:

— Ouvi dizer que a mãe grande arrumou um casamento para a filha dela com um ricaço do Vale. Cá entre nós, e que não saia daqui, pois agora que somos comprometidos precisamos provar que somos rapazes sérios... Mas as moças do Vale são a própria criação do pecado, são lindas... Pena que não podemos nem ao menos pensar em tocar numa delas, publicamente, é claro!

Um outro respondeu:

— Tem razão, Ban, eu fiquei de boca aberta quando fui levar as nossas mercadorias no Vale. Elas parecem fadas encantadas, todas morenas de cabelos negros, lisos como as penas da graúna, bem diferentes das nossas ruivas.

Como já vimos, ali todos eram primos, e dentre esses primos tinha um que era muito amigo de Jardon. Ele permaneceu calado, apenas ouvindo a conversa dos outros rapazes e pensando: "Por que será que Jardon escolheu justo a Bir? Ela não é bonita, mas tenho certeza de que é a moça mais prendada entre todas as outras da tribo".

Jardon saiu da tribo, foi até o local onde conhecera Liza, deitou-se embaixo da mangueira e adormeceu. Sonhava que estava andando de mãos dadas com Liza num belíssimo lugar. Sabia ser ele, mas estava em um corpo completamente diferente do seu atual.

Era alto, moreno e trajava umas roupas estranhas; tinha um anel na mão direita com um símbolo desenhado. Liza era a mesma; vestia-se de forma estranha.

Acordou com as primeiras estrelas surgindo na imensidão do céu. Levantou-se e seguiu para casa. Ao chegar, sua mãe lhe chamou a atenção:

— Jardon, você hoje ficou noivo e precisa desde já ter mais responsabilidade. Se eu ficar sabendo que você vai ao rio durante a noite, contarei ao seu pai! Não sabe que à hora das refeições todos devem estar à mesa? Seu pai saiu zangado. Vá até a cozinha que pedirei a uma das mulheres da família para lhe servir o jantar.

Ele terminava de comer quando Thira entrou pela porta do fundo e, rindo, falou:

— Jardon! Eu tenho vinte e cinco anos, mas sou muito mais bonita que a Bir. Estou triste porque não posso mais brincar com você no rio, mas assustada com o que você escolheu para a sua vida!

Só então Jardon lembrou-se de que não fazia a menor ideia de quem era Bir, a filha do Moni. Sabia que o Moni era o escrivão da sua tribo; anotava todos os nascimentos, falecimentos, casamentos e datas importantes da tribo. Era o homem mais culto da sua tribo.

Irritado, respondeu para Thira:

— Você está despeitada. Se tivesse tanta formosura assim como pensa possuir, seu marido estaria do seu lado. Apenas completou sete anos e ele escolheu outra esposa, deixando-a de lado. Hoje você só serve para ensinar aos rapazes o que fazer com uma mulher!

Ela saiu vermelha de vergonha; reconhecia que ele tinha razão. Estava mesmo era despeitada. Foi sentar-se embaixo de uma árvore no escuro e derramar suas lágrimas. Enquanto chorava, Thira pensava que as mulheres dali eram tão infelizes... Ficavam contentes quando eram escolhidas para se casarem, mas a felicidade delas durava apenas sete anos. Eram raras aquelas cujos maridos ficavam por toda a vida.

Com a cabeça encostada nos joelhos, ela chorava baixinho. Assustou-se com alguém tocando seu ombro; era Jardon. De certo não tinha falado tudo, estava ali para ofendê-la. Baixou os olhos verdes, esperando ser ofendida um pouco mais.

— Thira — falou Jardon —, me perdoe pelas palavras injustas que lhe disse agora há pouco. Estou triste, aborrecido e muito magoado com a vida. Você não merecia o que lhe fiz. Sinceramente, seu marido foi um tolo quando trocou você por outra mulher. Quem me dera, Thira, ter aquela a quem amo em meus braços, quem me dera, Thira!

Ela assustou-se e falou:

— Jardon, eu não estou entendendo. Você disse: quem me dera ter nos braços a quem amo... Nunca pensei, Jardon, que você também me amasse. Agora você é um homem comprometido, vou ajudar a cuidar dos seus filhos e de sua esposa; perdoe-me pelas palavras rudes que falei da Bir. Ela é a melhor de todas as moças da tribo. Hoje você me devolveu a alegria de viver. Nunca mais voltarei à noite naquele rio, jamais beijarei outra boca; vou pedir ao pai da Luz para ajudar Dandar a me aceitar como nova sacerdotisa. Quero me dedicar a ajudar meu povo. Tudo tem a sua hora, amanhã mesmo estarei subindo a colina para nunca mais descer. Não conte para ninguém nosso segredo; vou carregá-lo para mais perto do céu dentro do meu coração.

Afastou-se sem se voltar, mas Jardon ficou sem palavras. "Meu Deus, ela entendeu mal, não foi isso o que eu quis dizer. Bem, segundo Dandar nós somos livres, eu não posso proibi-la de me amar, assim como sou livre na alma para amar Liza."

Deitados em seus leitos, naquela noite quatro pessoas estavam sintonizadas umas com as outras. Liza, de olhos abertos, recordava os momentos nos braços do seu amado. Iria se casar com um homem do Vale. Não iria virgem para ele; como seria?

Jardon deixou a janela aberta. Olhava absorto para as estrelas. Dandar lhe falara que lia através das estrelas, mas como? Ele apenas olhava e via um aglomerado delas, nada mais.

Liza estaria pensando nele? E se ele fosse embora com ela? Poderiam fugir mundo afora. Lembrou-se das palavras de Dandar: ele tinha uma missão a cumprir com sua gente.

Thira se despedia de sua tribo; iria embora para o alto da colina assim que o dia amanhecesse. Falou com o pai da Luz (chefe da tribo) e ele consentiu; deixaria seus filhos aos cuidados da tribo, ali não havia inimigos, todo mundo era parente.

Após tomar um chá que sua mãe lhe preparara, Bir estava suando. Sentira cólicas e enjoos quando ficara sabendo da escolha de Jardon; ela iria se casar com o rapaz mais cobiçado da tribo. Sabia que era apenas por sete anos que iria tê-lo ao seu lado, mas saberia fazê-lo feliz.

Jardon pensava que sua amada partiria para sempre das montanhas. Precisava vê-la mais uma vez. Ia procurar Dandar e implorar para que ela intercedesse a seu favor; precisava ver Liza pelo menos uma última vez.

Acariciava a pequena pulseira; ficara uma lembrança de sua amada que ele iria guardar pelo resto de sua vida. Como poderia viver sem ela? Como teria sido diferente se não a tivesse conhecido!

E o seu casamento? Certamente seria em breve. Não fazia a menor ideia de como seria Bir. Em breve, ela seria sua mulher. Dandar não se enganava, era a sacerdotisa, e, se ela recomendara a filha do Moni, certamente, por pior que fosse, ainda assim seria o melhor caminho para seu destino.

Assim que amanhecesse o dia, ele iria até a casa da sacerdotisa fazer seu pedido. Queria ver Liza mais uma vez.

Naquela noite, os quatro maiores personagens da nossa história não conseguiram conciliar o sono.

Os primeiros raios do amanhecer trouxeram um espetáculo de cores no céu.

A mãe grande da tribo também levantou-se cedo, cobriu a cabeça com uma toalha branca, recomendou a Liza que não saísse de casa em hipótese alguma. Voltaria assim que resolvesse uma questão de suma importância.

Liza sentiu um calafrio. O que estaria acontecendo com mãe grande? Teria descoberto seu amor? Isso não, ninguém

VALE DOS AMORES | 43

os vira, e nem em sonho ela revelaria seu grande segredo para ninguém.

"Quem sabe amanhã", pensava Liza, "eu vou à casa de Dandar; preciso de ajuda. Vou ser entregue dentre pouco tempo a um homem do Vale e Dandar precisava me ajudar quanto a minha virgindade".

Thira encontrou os primeiros raios de sol na subida da montanha, estava em paz. Se a vida das mulheres de sua tribo era assim, ela cumprira a sua parte; dali para frente iria se envolver com o mundo dos mistérios.

Talvez nunca mais voltasse a ver Jardon, mas carregava o seu amor protegido em sua alma. Seria feliz aprendendo com Dandar tudo o que fosse possível para ajudar sua tribo.

A mãe grande estava chegando à descida do Vale; transpirava pela grande caminhada. Montado num cavalo negro coberto com um manto de lã vermelha, avistou o homem alto, moreno, magro, os olhos negros e profundos que lhe davam uma bonita aparência. Estava ali esperando pela mãe grande; o portão abriu-se e ela foi até ele.

Ao vê-la chegar, saltou do animal e foi ao seu encontro. Ajudou-a a descer. Apertou a mão da mulher e perguntou:

— E então, vamos conversar?

Ao retornar, a mãe grande se despediu do homem, prometendo que dali a dois dias estaria trazendo a moça. Carregava algumas roupas novas para Liza. Estava triste, mas esse fora o acordo com o chefe da tribo: devolver a menina a sua gente; estava cumprindo a sua promessa.

Antes de retornar para casa, foi à procura do chefe da tribo, comunicou sua decisão de antecipar a entrega da moça. O rapaz solicitara a antecipação, pois necessitava da sua mulher para ajudá-lo na doença da mãe, que se agravara.

O chefe da tribo chamou alguns dos anciões e discutiram o assunto; por fim, todos concordaram. A mãe grande retomou sua caminhada de volta para casa; estava cansada e abatida. Apesar de toda a sua preparação espiritual, sentia a separação daquela a quem amava acima de tudo. Liza era a maior alegria de sua vida e agora precisava aprender a viver com sua antiga companheira: a solidão.

Chegou em casa com o sol já baixando no horizonte. Liza notou os sinais de cansaço em sua mãe grande. Correu a buscar uma vasilha com água quente, ervas e sal para aliviar-lhes os pés.

Trouxe uma caneca de suco natural e abanava a mãe grande, secando-lhe o suor.

— Mãe, a senhora está cansada, não é mesmo?
— Sim, minha filha, eu estou muito cansada. Obrigada pelo seu carinho. Vou descansar os pés e o coração, depois nós conversaremos.

Encostou-se na rústica cama e fechou os olhos. Liza ficou preocupada, nunca tinha visto a sua mãe naquele estado. Algo sério estava acontecendo com ela, o que seria? "Bom", pensava ela, "vou ter que esperar. Ela disse que precisava descansar os pés na água e o coração? Teria algum remédio para acalmar o coração?" O seu estava inquieto.

A noite estava escura, mas o céu estava estrelado. As estrelas cruzavam o céu, formando grandes caudas de luz. A mãe grande estava sentada na porta de sua casa em silêncio.

Liza aproximou-se devagar, abraçando a mulher. Esta puxou a moça para perto de si e desabafou:

— Ah, minha filha querida! Como vou suportar a vida sem você? Deus me acuda no fim de minha vida para não enlouquecer. Liza, minha amada, você foi como um pássaro que amparei em minhas velhas asas; agora você está crescida e preparada para voar. Deve partir, minha amada, amanhã. Leve no seu coração as lembranças desta sua velha mãe. Amanhã será o seu último dia perto de mim; depois de amanhã, logo cedo, desceremos as montanhas, onde o seu futuro marido nos espera. Ele é um bom homem, vai lhe dar uma boa vida e muita segurança. É um homem nobre e de caráter.

Liza ouvia em silêncio, as lágrimas caíam de quatro em quatro; nada disse, ficou apenas chorando no colo da mãe grande.

Então Dandar tinha razão: seu destino estava traçado e só lhe restava a resignação.

Já era tarde quando ela conseguiu adormecer. Sonhava que corria num vale enfeitado de flores e era muito feliz; andava de mãos dadas com Jardon, olhava para cima e via ao longe as montanhas. Jardon apontava para as montanhas sorrindo e falava:

— Eu gosto dali, mas é aqui no Vale que está meu amor.

Acordou suando. Passou a mão sobre a testa, a mãe grande estava sentada olhando para ela. A mulher levantou-se e voltou com uma caneca cheia de chá, oferecendo-a a Liza:

— Beba, isto vai lhe fazer bem. Passei a noite aqui olhando para você; quero guardar sua imagem como um retrato de mim mesma. Quando você era um bebê, eu ficava te olhando por horas e horas, como estou olhando para você agora.

No outro dia, Liza estava deprimida; queria morrer. Sabia que não podia implorar para sua mãe deixá-la ficar. Sabia ser impossível. Sua mãe fizera o que nenhuma outra teria feito: dera-lhe muito amor, cuidara dela como uma verdadeira filha, mas chegara a hora de cumprir sua promessa: mandá-la embora da tribo, afinal de contas, ela era uma intrusa entre eles.

Pediu consentimento à mãe para ir se despedir dos seus lugares favoritos, os únicos amigos de sua infância: as pedras, as árvores e as cachoeiras que corriam montanha abaixo, indo de encontro ao rio do Vale.

Sua mãe consentiu que ela saísse até a área limitada; também fora um acordo feito com o chefe. Liza saiu na esperança de encontrar Jardon; olhava para as montanhas e sentia um aperto no coração. Ali estava uma parte de sua vida.

Foi até a Fonte do Sol, assim era chamada porque sua água era quente. Lavou o rosto, tocava em cada árvore que encontrava pelos caminhos e chorava; elas eram suas irmãs.

Chegou até o Parque dos Frutos, ficou embaixo da mangueira e rezava para que Jardon viesse até ali.

Passou muito tempo, e ela desistiu de esperar; ele não viria, com certeza. Olhava para cima e sabia que seu amado estava no alto da colina.

E se fosse até lá?

Não, não podia fazer isso com sua benfeitora. Dandar não mentia quando dissera que ela aproveitasse bem aquele último encontro com Jardon; ela iria partir antes de o rouxinol deixar o ninho.

Liza agora entendia: sua partida fora antecipada. O que seria a vida na verdade, um castigo?

Quem seria sua mãe?

Ela já nascera rejeitada, sem direito ao amor. Sentou-se numa pedra para observar o Vale. Ali iria começar outra etapa de sua vida.

Como seria seu futuro marido? O que diria a ele sobre a perda de sua virgindade?

E se ele a mandasse embora, para onde iria?

Mil pensamentos lhe vinham à mente. Entre o Vale e as montanhas havia os vigilantes; era impossível entrar ou sair alguém sem ordem.

Tão absorta estava com seus pensamentos que não ouviu a chegada da moça que já estava ao seu lado. O coração disparou. Quem seria? "Ela se parece com Jardon", pensou Liza.

A moça era alta, loira, de olhos verdes e cabelos cacheados soltos ao vento. Aproximou-se dela sorrindo e perguntou:

— Você deve ser a filha do Vale, certo?

— Sim, acho que sou a filha do Vale.

A moça sentou-se ao seu lado e, olhando para o Vale, falou:

— Eu lhe trago um recado de Dandar. — Liza empalideceu; ficou calada sem piscar os olhos, ouvindo atentamente o que lhe falava a bela moça. — Meu nome é Thira, iniciei hoje o meu trabalho como sacerdotisa. Amei e continuo amando o mesmo homem que você ama, mas com uma diferença: ele a ama. Você é a alma dele. Eu não tenho uma alma na mesma condição de vida em que me encontro: encarnada. Agora, como sacerdotisa, talvez eu encontre a minha alma do outro lado da vida e seja feliz. A sua alma está na mesma condição em que você se encontra: encarnada. Dandar manda dizer: guarde os momentos de felicidade dentro de sua alma; siga adiante e vá cumprir seu destino. Faça outras pessoas felizes, e o amor que carrega aí dentro de si lhe trará forças para viver. Você leva em seu ventre uma semente das montanhas. Terá uma filha de Jardon, e você deve chamá-la de Híria, aquela que desceu do céu. Um dia você compreenderá estes momentos tão difíceis de sua atual existência. Não se preocupe com sua virgindade; o homem com quem vai se unir não vai cobrá-la por isso. Ele outrora, em vida passada, ficou lhe devendo isso.

E prosseguiu falando:

— No Vale, todos os dias, às dezoito horas, os sinos tocam uma bonita melodia e os seus habitantes param para a oração que eles chamam de "hora da Ave-Maria". Nessa hora, todos os dias, saia de sua casa e fique de frente para a montanha do meio.

Liza ouvia atentamente.

— Procure sorrir e viver feliz. No Vale você vai ter muitos momentos de alegria e de dor; não desista de sua missão. Cuide bem do seu corpo e de sua alma. Dandar vai ajudá-la e diz que o Vale é muito bonito; você vai encantar-se.

Thira levantou-se, abraçou a moça e beijou-lhe a testa, dizendo:

— Eu também, minha querida, jamais voltarei aos braços dele. Talvez, quando revir Jardon, ele não me reconheça mais pelas marcas do tempo. Adeus, Liza, Deus te proteja. — Seguiu Thira a passos firmes, sem olhar para trás.

Liza ficou parada olhando aquela belíssima mulher que mais parecia um anjo. Dandar enviara-lhe sua jovem sacerdotisa para ajudá-la. Seria possível estar grávida? Ter uma filha de Jardon... Passou a mão pelo ventre; Thira já havia desaparecido.

Ela desceu a montanha olhando para todos os lados. "Adeus, vida, adeus, meu amor, aqui eu deixo a minha alma. Vou embora para um mundo novo e desconhecido."

Entrou em casa. A mãe grande já havia separado algumas coisas para sua viagem. A dor estampada no rosto da mulher encheu Liza de piedade. Abraçou-se a ela dizendo:

— Mãe, vou levá-la dentro do meu coração; nunca deixarei de te amar. Se neste mundo não temos o direito de ficar juntas, somos livres no espírito; em carne e osso sei que jamais voltarei aqui, mas em espírito, sempre que Deus permitir, venho vê-la. Carrego você em minha alma, não foi isso o que a senhora me ensinou?

A mãe, pela primeira vez diante de Liza, deixou as lágrimas descerem livremente pelo seu rosto cansado. — Oh, minha filha! Daria mil vidas pela sua felicidade. O homem que será seu marido não é tão jovem, mas você será a primeira mulher de sua vida. Ele conhece sua história. Nunca lhe contei, minha filha, mas eu mesma desconfio de que você é filha de algum dos guerreiros desta tribo com alguma mulher do

Vale. Nossas mulheres não descem ao Vale, a não ser acompanhadas e escoltadas por nossos homens, mas os guerreiros descem constantemente ao Vale para negociarem; não é comum, mas é possível que isso tenha acontecido. Leve isso consigo — disse ela, estendendo um pequeno pacote. — Este embrulho foi o filho do chefe da tribo quem lhe mandou de recordação, e disse-me que ficou com uma grande lembrança sua: uma pulseira de pedras.

Liza empalideceu; então sua mãe sabia do seu amor?

A mulher continuou falando:

— Fui procurada por Jardon. Ele me pediu que lhe entregasse este pacote e lhe dissesse que a ama, e que vai amá-la para sempre. Pede que você acredite que ele a amou no corpo e vai continuar amando-a na alma. Pede que você se cuide bem; ele estará sempre vendo você através da alma.

Aquela noite Liza não dormiu; desejou que a noite durasse para sempre. Mas ouviu sua mãe acendendo o fogo de lenha e colocando a água para esquentar.

Olhou em volta do cômodo onde crescera; sabia que nunca mais o veria novamente, e as lágrimas brotaram dos seus olhos. Levantou-se, foi até onde estava a sua mãe e tomou-lhe a bênção, como fazia todos os dias.

Saiu e olhou para o céu, que estava estrelado. Os galos cantavam no alto da colina; os primeiros raios da aurora iluminavam o Vale, formando uma barra no céu.

Banhou-se, vestiu-se, tomou uma caneca de chá e não quis comer o pão de mandioca que sua mãe lhe ofereceu. Um nó lhe apertava a garganta; estava indo embora, deixando para trás sua própria vida.

Sua mãe cobriu a cabeça com a toalha branca, calçou as sandálias de couro e pegou sua fiel companheira de viagem: uma velha sacola de couro cru.

— Está na hora, minha filha, vamos seguir.

Liza pegou o velho saco de couro, olhou mais uma vez ao seu redor e foi saindo devagar. Lá fora, enquanto sua mãe encostava a porta, ela olhava para o alto da montanha.

— Adeus, minha vida, adeus, meu amor.

Acompanhava a mãe de cabeça baixa, era como se estivesse levando o próprio corpo para enterrar. Sabia que estava viva, mas era como se também estivesse morta.

Os primeiros raios de sol já apareciam iluminando o Vale, que, agora aos olhos de Liza, parecia um enorme lençol verde. Passaram por três grupos de sentinelas da tribo. Todos eles tomaram a bênção da mãe grande e a trataram com todo o respeito.

Um deles lhe servia de guia, e o sol já começava a arder quando Liza viu-se andando por uma estrada plana com árvores gigantes. O lugar era completamente diferente de onde estava acostumada. Até o cheiro da terra era diferente. Avistou um rio imenso e ficou com medo; nunca imaginara existir algo semelhante. Dava para ver umas casas brancas e enormes espalhadas pelo Vale.

Seu coração batia forte e suas pernas formigavam, não pela caminhada, mas pelo medo que sentia. Sabia que lhe restava pouco tempo ao lado daqueles que ainda faziam parte de sua vida: a mãe e o guerreiro.

Avistaram do outro lado do Vale um cavalheiro montado em um belíssimo cavalo negro; seus pelos brilhavam ao sol. Assim que avistou o grupo, acenou enquanto desmontava.

Liza ficou como anestesiada, sentia a boca seca, o peito oprimido. Então aquele homem seria seu marido. Ainda não podia ver-lhe o rosto, também pouco importava; ela se casaria com ele com qualquer rosto que tivesse, o que importava isso agora?

Ao chegarem à curva que entrava para o Vale, depararam com um homem de uns trinta anos mais ou menos; não era bonito nem feio. Alto, magro, moreno, com uma cabeleira negra que lhe descia pelos ombros.

Aos olhos de Liza, estava estranhamente vestido. Usava calças de mescla azul com uma camisa branca e botas que lhe iam até o joelho. Aproximou-se da mãe grande e do guerreiro, ficando parada, sem se mexer do lugar onde estava.

A mulher então falou:

— Senhor Benn, aqui está a moça que será sua esposa.

Ele se aproximou de Liza e tomou-lhe as mãos, beijando-as com carinho.

— Seja bem-vinda, Liza. Eu estou muito satisfeito, senhora das montanhas, a minha noiva é linda! Tenho certeza de que vamos nos dar muito bem. Não precisa ficar com medo de mim, Liza, vamos ter muito tempo para nos conhecer. — Pegou a pequena bagagem e disse para Liza: — Eu espero você se despedir de sua mãe. — Dirigindo-se à mulher, ele lhe disse: — Muito obrigado por tudo, minha senhora, eu dou a minha palavra de que farei o possível para fazê-la feliz.

Afastou-se um pouco, e Liza então atirou-se nos braços da mãe. Esta nada falou, apenas alisou seu cabelo e beijou seu rosto.

— Vai, minha filha, que o Pai Maior te proteja. Estarei sempre rezando por você. Adeus, minha amada. — Saiu andando e secando os olhos com a ponta da toalha. O guerreiro deu um até logo e também se afastou, acompanhando a mãe grande, que se afastava rapidamente.

Benn aproximou-se de Liza, pegou-lhe a mão e disse gentilmente:

— Vamos, Liza, não tenha medo de mim.

Seguiram em silêncio. O contato daquela mão lhe deu um pouco de segurança; não teve medo dele. Parecia já conhecê-lo de algum lugar.

O rapaz a ajudou a montar e seguiram devagar, pois Liza não sabia cavalgar. Enquanto passavam pelos campos floridos, ela ficava deslumbrada com tanta beleza. Nunca imaginou que o Vale fosse tão bonito, embora daria tudo para poder voltar às montanhas.

Passaram por muitos lugares bonitos e estranhos, parecia outro mundo. Chegaram à casa onde ela iria começar uma nova caminhada. Lembrou-se de Dandar: carregava uma semente das montanhas dentro de si; seria verdade? Foi despertada do seu pensamento com Benn lhe dizendo:

— Vamos entrar, Liza, a casa é sua.

Um grupo de umas vinte pessoas, entre velhos, jovens e crianças, se aproximaram respeitosamente deles. Benn então lhes disse:

— Esta será a minha esposa e senhora desta casa.

Uma senhora morena e forte aproximou-se de Liza sorrindo, e Benn pediu:

— Sara, leve a moça para o quarto e cuide dela.

Atravessaram um enorme corredor e entraram num cômodo grande demais aos olhos de Liza, que não estava acostumada com grandes espaços, a não ser ao ar livre.

Havia uma cama enorme e alta forrada de couro, com desenhos estranhos, colchão de pena de ganso, travesseiros macios e lençóis finos. Uma cortina imensa forrava a parede. Sara abriu a cortina e Liza pôde avistar ao longe sua verdadeira casa: as montanhas.

Sara abriu um armário, que estava repleto de roupas novas e estranhas. Apontando o armário, disse-lhe:

— Aqui está tudo de que vai precisar. Nas montanhas, as moças se vestem diferente, não é mesmo, senhora?

Liza lembrou-se de que nunca tinha visto as moças da sua tribo, a não ser Thira, Dandar e sua mãe.

Diante do silêncio de Liza, a mulher perguntou:

— Senhora, por favor, venha até aqui e fale-me: que roupa deseja colocar?

Ela ficou olhando de um lado para o outro; tudo lhe parecia tão igual. Então respondeu:

— Estou cansada. Você pode escolher um vestido para mim?

— Claro. Se a senhora me permite, este verde aqui está lindo e é confortável.

VALE DOS AMORES | 53

Mecanicamente, acompanhou Sara para um banho. Ficou admirada com tantas coisas naquele quarto enorme, que servia apenas para se tomar banho.

— De hoje em diante, a senhora passará a tomar banho aqui; foi ordem do senhor Benn.

Sara lhe passou algo espumante nos cabelos e uma pasta oleosa e perfumada no corpo. Secou-lhe os cabelos com a toalha e ensinou-lhe a vestir aquelas roupas estranhas.

Liza abriu o pacote e pegou o cordão de ouro trançado com pedras, colocando-o no pescoço. Sara, admirada com a beleza do cordão, disse-lhe:

— É uma joia muito bonita.

Ela não entendeu a palavra "joia", mas sabia que Sara se referia ao seu cordão. Sorriu como uma forma de agradecimento.

— A senhora está linda. Não tem na vila uma moça igual. — Liza pensou: "O que vem a ser vila? Será tribo?" Apenas sorriu para a mulher. — Vamos para a sala de refeições. A senhora deve estar morta de fome. O patrão hoje também não comeu nada esperando-a.

Chegando à sala, Liza deparou com uma mesa comprida cheia de objetos estranhos: colheres, garrafas, cestos com pães, potes de doces. Um vaso com flores no centro da mesa. Ficou parada olhando para a mesa, sua vontade era sair correndo, mas para onde? Benn veio ao seu encontro e levou-a até a cabeceira da mesa, ajudando-a a sentar-se numa cadeira macia.

Um criado entrou trazendo a comida: arroz, carne, verduras. Serviam os pratos enquanto Benn, sorrindo, abria uma garrafa e colocava um pouco de vinho em seu copo, dizendo com um sorriso:

— É o melhor vinho do Vale, experimente. Acredito que o vinho das montanhas também seja muito bom, mas igual a este não existe, principalmente porque é fabricação nossa.

Ela ficou com medo e vergonha de dizer que nunca tinha bebido vinho; sabia que na tribo, em dias de festas, os mais velhos faziam uma bebida, mas ela nunca tinha experimentado. Sua mãe sempre lhe dizia que os sucos eram bem melhores.

Engoliu um pouco e sentiu queimar-lhe a garganta. Deus, como alguém podia beber aquilo e dizer que era bom? Benn perguntou-lhe:

— E então, o que achou do vinho?

Ela, ainda sufocada, respondeu:

— Muito bom, meu senhor.

— Liza — disse Benn calmamente —, não me chame de "senhor". Serei seu marido daqui a alguns dias. Vamos nos casar, dormiremos na mesma cama. Vamos aproveitar e nos conhecer um pouco mais? Eu vou começar a falar de mim. — Enquanto bebia o vinho, Benn começou a falar: — Estava com dezoito anos e completamente apaixonado por Berenice. Se ela me pedisse para ir ao céu em busca de uma estrela, não sei como, mas acharia um jeito de ir até lá, só para alegrar a Berenice. — Parou alguns instantes e acrescentou: — Foi quando aconteceu aquela grande tragédia... Quando chove muito nas montanhas, os rios aqui ficam transbordando. Os jovens vão nadar, pescar, se divertir com as namoradas no rio principal. Eu atravessei duas vezes o trecho da Sombra do Rio do Vale, é assim que nós chamamos esse trecho, que é encoberto pelas sombras das montanhas; é o lugar preferido dos peixes grandes. Estávamos em um grupo de rapazes e moças, chamei Berenice para ir comigo, ela nadava muitíssimo bem. Ela não queria ir, eu insisti, insisti e, por fim, praticamente arrastei ela comigo.

Benn colocou as duas mãos encobrindo o rosto num gesto de sofrimento; Liza ouvia assustada. Benn então continuou sua narrativa:

— Nadávamos normalmente; eu brincava com ela jogando água em seu rosto. De repente, vi Berenice afundando, pensei estar brincando comigo. Esperei e vi que ela não retornou, mergulhei e encontrei Berenice completamente desfalecida. Voltei à tona e gritei por socorro; o pessoal que estava conosco correu para me ajudar. Levamos Berenice de volta até a margem do rio, fizemos de tudo, mas ela não dava sinal de vida. Alguém foi buscar socorro na vila, nós fazíamos massagens, virávamos ela, e nada. Nunca mais ela voltou a si, estava morta. Imagine o que foi a minha vida durante todos esses anos! Berenice ainda estava no caixão quando eu fiz a promessa de que jamais me casaria com nenhuma moça da vila. Jamais beijaria outra mulher desta terra. Foi então que eu ouvi uma voz perto de mim dizendo: "Quero que você se case com Liza; ela vem das montanhas, como as águas do rio". Procurei para ver quem me falava aquilo; não tinha ninguém ao meu lado.

Tomando fôlego por um instante, Benn continuou a contar:

— Depois da morte de Berenice, nunca mais quis saber de mulher nenhuma. Confesso, Liza, nunca tive envolvimento com outras mulheres. Trabalhei, trabalhei e só trabalhei. Fiz bons negócios e posso lhe dizer que não tenho motivos para me preocupar com o futuro. O ano passado eu estava na beira do rio pensando em Berenice. Parece que todos esses anos ela esteve ao meu lado, preenchendo a minha vida. Foi quando ouvi nitidamente a voz de Berenice falando: "Benn, vá até a primeira barreira do caminho que leva à montanha, peça para falar com a mãe grande da tribo, diga-lhe que é a respeito de Liza". Virei-me e vi-me rodeado por uma luz brilhante que ofuscava os meus olhos; olhei atentamente e vi Berenice envolta num manto azul. Sorria-me e falava: "Benn, peça à mãe grande a mão de Liza em casamento. Ela vai concordar com o seu pedido. Cuide-se bem, meu querido. Até um dia, se assim Deus permitir. Seja muito feliz e cuide bem de Liza". E assim foi como eu cheguei até você e sua mãe. Vou cumprir o que prometi a Berenice e a sua mãe; hei de fazê-la feliz.

Liza chorava diante do que lhe contava Benn. Então alguém se preocupava com ela mesmo antes de ela existir. Esta moça certamente era uma Virgem Santa; ela iria todos os dias na hora do sino rezar para Berenice, a Virgem Santa.

— Agora me fale de você, Liza. Eu sei que foi deixada na porta da casa de sua mãe grande numa noite de grande tempestade. Com toda certeza você é filha do Vale, nasceu aqui, filha de alguma mulher da vila com algum guerreiro das montanhas. Os seus traços físicos são idênticos aos nossos, mas também pouco me importava a sua aparência. Como já lhe disse, se Berenice me pedisse uma estrela no céu, eu daria um jeito de ir buscar.

Liza suspirou aliviada; já não sentia tanto medo daquele homem, pois quem é capaz de amar assim traz bondade na alma. Num ímpeto, engoliu mais um pouco de vinho e acabou tomando todo o copo. Começou a se sentir ligeiramente tonta.

Benn também engoliu o seu vinho e se serviu de mais, perguntando a Liza se queria mais, ao que ela respondeu que não. Comeu bem, mas estava tão esquisita; nunca se sentira daquela forma.

Não falou nada sobre a sua vida nas montanhas, Benn não insistiu. Terminando o jantar, ela começou a abrir a boca e sentiu as pernas amolecerem. Foi levantar-se e acabou caindo; perdeu os sentidos e só acordou no outro dia, com Benn de um lado e a criada do outro.

Sara lhe deu alguma coisa para beber; tinha um gosto amargo, mas ela engoliu tudo.

Benn recomendou à criada:

— Fique ao lado dela, deixe-a descansar um pouco mais. Dê-lhe um banho e sirva-lhe um bom café. Volto para almoçar. Peça a Sula que não se descuide de minha mãe. À tarde levarei minha noiva para vê-la. — Passou a mão na testa da moça e disse: — Está tudo bem, não se preocupe, Sara vai cuidar de você. Até mais tarde.

Saiu devagar, encostando a porta. Liza olhou para Sara, que lhe dirigiu um sorriso materno.

— Você nunca bebeu vinho, não é verdade?

Liza corando respondeu:

VALE DOS AMORES | 57

— Sim, eu nunca tinha colocado vinho na boca.

— Fique tranquila, isso é normal. Eu lhe dei boldo amassado; ajuda a tirar o mal-estar. Vamos tomar um bom banho, comer e andar um pouco, logo vai estar ótima. Procure não beber muito vinho, beba só um gole e pare, assim a senhora não vai passar mal novamente.

Liza levantou-se, tomou banho e serviu-se de coalhada com mel. Comeu um pedaço de pão com queijo e sentiu-se ótima. O cheiro da relva lhe enchia os pulmões. Olhava para o prado que se estendia a perder de vista.

Mas seus olhos buscavam o alto; também a perder de vista, ela olhava para as montanhas. Os pensamentos lhe castigavam a alma, não conseguia tirar a imagem de Jardon, sua mãe, Dandar e Thira da sua mente.

Jardon, o seu grande amor, estava tão longe. Liza tinha a impressão de ter caído num buraco e de apenas poder ficar olhando para o céu e pensando nele.

Sara observava a angústia da moça e pensava: "Não deve ser fácil para ela estar aqui neste fim de mundo, longe de sua gente. Essa moça me faz lembrar algo que nunca esqueci", relembrava Sara o passado.

Capítulo III

Sara olhava para o rosto meigo de Liza e voltava para o passado. Há dezesseis anos, tinha ajudado Lívia a dar à luz uma menina tão linda e saudável; ficara contente que ela resolvera ter a criança, pois escondera a gravidez até o fim.

Tinham acertado que ela deixaria a menina com a avó Luna e depois pensariam no que fazer com a garotinha. Três dias depois, tinha voltado lá levando algumas roupinhas, ansiosa para ver a recém-nascida.

Batera várias vezes à porta da casa da avó de Lívia e ninguém respondera. Deus, o que estava acontecendo? Onde estaria Lívia com a garotinha? Havia corrido à procura dela, fora até a casa dos seus pais e avistara a moça conversando com a irmã caçula.

Lívia tinha ido procurá-la na casa de sua avó, conforme haviam combinado... Ela se virara para a irmã dizendo:

— Vá brincar com as outras meninas. — Aproximou-se de Sara e falou bem baixinho: — Minha avó levou a menina para as montanhas e ainda não retornou.

— O quê? Você mandou a criança para as montanhas? Enlouqueceu?

— Olha, Sara, a minha avó achou melhor levar a criança e deixá-la aos cuidados do povo da tribo, uma vez que ela é filha de um deles. Você bem sabe o que aconteceu comigo: fui agarrada à força por um deles e fiquei grávida, Deus me ajudou a esconder essa gravidez até o fim. Não contei nada para ninguém do que aconteceu porque eu também errei indo até lá. Atravessei a linha demarcada entre o nosso povo e eles. Naquele dia, não percebi e entrei na área deles; quando me dei conta, foi com aquele brutamonte branco me perguntando o que eu desejava; tentei correr e ele me alcançou. Quando você e minha avó perceberam a minha barriga, já estava no quarto mês de gravidez, não tinha como eliminar a criança. Agora vou refazer a minha vida; quero me casar e ter os meus filhos, e não vou criar a filha daquele monstro. Eles vão criar a menina; minha avó me contou que entre eles há respeito e amor pelas crianças.

Sara sabia que Lívia estava mentindo; ela não fora agredida como falava, e sim devia ter se envolvido com um dos guerreiros por livre e espontânea vontade. Ela era muito atirada e mentia sempre quando se tratava de não assumir os próprios erros.

— Lívia, com todo aquele temporal que caiu, você deixou a sua avó sair? Os relâmpagos e os trovões riscavam o céu; parecia que as montanhas vinham abaixo, ninguém conseguiria sobreviver à tempestade.

— Bem — falou Lívia —, eu estou estranhando que a minha avó ainda não tenha retornado. Será que ela resolveu ficar uns dias por lá?

— Lívia, deixe de ser tola! Se ela não voltou até agora, alguma coisa séria aconteceu com as duas.

Naquele mesmo dia, os homens da vila se aglomeravam em volta de um corpo que boiava nas águas do rio. Foi reconhecido: era a avó de Lívia; o corpo da pequena não foi encontrado.

Lívia sofreu pela avó, mas respirava aliviada; ninguém conheceria seu segredo. Com o passar do tempo, refez sua vida, casou-se, teve filhos e vivia confortavelmente numa bela casa. Esqueceu-se por completo daquele incidente.

Sara nunca ficou sabendo se Luna conseguira deixar a menina na tribo e morrera na volta, arrastada pelas águas do temporal, ou se a criança, talvez, tinha ficado presa em algum arbusto, vindo a morrer também.

Agora estava diante de um caso inédito. O patrão, que sempre fora esquisito desde a morte de Berenice, resolvera se casar com uma das filhas das montanhas.

Sempre ouvira falar que as mulheres das montanhas eram todas ruivas, e agora, diante de Liza, ela se perguntava: "Será que essa menina não é a filha de Lívia? Mas por que o patrão iria casar-se exatamente com ela?" Não, não era verdade, o povo falava demais; nas montanhas, com certeza, havia mulheres morenas.

A chegada daquela moça das montanhas lhe trazia lembranças que tentava apagar. Alguma coisa em Liza lhe era familiar; já começava a gostar dela. Com o passar do tempo, certamente saberia alguma coisa sobre sua vida nas montanhas.

Capítulo IV

Enquanto isso, nas montanhas, Jardon corria de um lado para o outro. Foi até a casa da mãe grande, e esta informou que Liza já estava em sua nova casa.

Jardon ficou sabendo que ela levara a sua corrente; era algo dele que viveria junto dela. Apertava a pequena pulseira entre as mãos, e lágrimas inundavam seus olhos. Liza fora como um relâmpago em sua vida: iluminara sua alma e desaparecera.

Tinha vivido dezesseis anos tão perto dele e agora havia desaparecido para sempre de sua vida. Olhava para o Vale. Sua vontade era de correr montanha abaixo gritando por ela, ir ao seu encontro.

Resolveu falar com Dandar. Precisava ouvir alguma coisa ou iria enlouquecer. Começou a subir a montanha em direção a sua casa, mas, antes de chegar, no lugar onde ele e Liza se amaram avistou Dandar, que vinha quase se arrastando.

Correu ao seu encontro, fazendo-a sentar-se numa pedra. Após uns minutos, ela começou a falar:

| 63

— Jardon, tu não podes mais subir o morro sagrado à minha procura. Thira, que será a minha substituta, está cumprindo rigorosamente as suas tarefas, e tu não podes atrapalhar tua missão. Você já recebeu as minhas últimas instruções: vai às montanhas ao tocar do sino, ao pôr do sol, e faz o que te ensinei. Verá Liza de longe; isso já é um grande consolo para a tua alma.

Jardon, após agradecer a velha sacerdotisa, desceu a montanha, indo até a velha mangueira onde vira Liza pela primeira vez. Sentou-se e ficou olhando para o vazio; sentia como se uma parte de sua vida tivesse se perdido no tempo.

Seu casamento seria realizado dentro de alguns dias. Como poderia dividir sua vida com outra mulher? O que fazer com Bir? Pobre moça, não tinha culpa de nada. A lei de sua tribo era muito severa; seria tão bom se o povo das montanhas se unisse ao povo do Vale... Ele viveria em paz com Liza, poderiam ir e vir das montanhas ao Vale, do Vale às montanhas. Desde que se conhecera por gente, ouvia dos mais velhos: os homens das montanhas não se misturam com os homens do Vale.

Alguns nasceram para andar, outros para voar, alguns nasceram para cuidar das partes baixas da terra, outros para cuidar das partes altas, cada qual com sua missão.

Todos eram filhos de um só Pai, mas cada povo com uma determinada missão a cumprir. Quando um interferia nas leis do outro, nenhum dos dois conseguia completar os objetivos divinos.

Os mais velhos ensinavam que, quando tínhamos vizinhos, deveríamos negociar com eles nossos produtos e ter limites a serem respeitados, e, se porventura desrespeitassem as regras do jogo, as tribos entrariam em guerra.

Uma tribo não poderia cobrar da outra os danos morais e físicos dos seus filhos quando os direitos de cada um fossem desrespeitados. Ele sabia que alguns homens da sua tribo chegavam a brincar com mulheres do Vale, mas eram sempre elas que os procuravam nos encontros das trocas de mercadorias.

Ele desconhecia qualquer caso de mulheres de sua tribo com homens do Vale. As mulheres jovens de sua tribo não saíam da área determinada pelo chefe. Apenas a mãe grande e a sacerdotisa desciam ao Vale.

Noite e dia, guerreiros preparados na tribo faziam a guarda da montanha; nenhum filho do Vale subia as montanhas. Os filhos das montanhas trocavam, negociavam seus produtos na fronteira entre o Vale e as montanhas, mas ninguém do Vale entrava nas montanhas; ninguém das montanhas entrava no Vale. E mesmo assim algumas mulheres do Vale se aproximavam dos guerreiros, mantendo com eles contato íntimo às escondidas.

O único caso que divergia das leis de sua tribo era o de Liza. Justamente naquela noite de tempestade, alguém conseguira subir as montanhas e abandonar uma criança na porta da mãe grande da tribo. Como tinha passado pelo portão, só Deus sabe.

Agora, aquela menina voltara para o Vale levando seu coração, prendendo sua alma na dor da saudade. Jardon não conseguia entender por que tinham devolvido Liza para o Vale. Ela havia se criado entre as montanhas. Se eles usavam coisas do Vale, por que não poderiam ter uma filha do Vale entre eles? Sua cabeça girava em torno de tantos pensamentos!

As horas passaram. Ele olhou para o sol que estava baixando e levantou-se, encaminhando-se para as montanhas trigêmeas. Esperou ainda algum tempo quando viu a terceira montanha iluminar-se por completo.

Lentamente, de cima para baixo, as pedras iam se afastando como se fossem serradas. Uma abertura da largura de uma porta se abriu, dividindo a montanha em duas.

Ele ficou boquiaberto com o que acabava de ver. Correu para dentro e descobriu que um túnel iluminado pela luz do sol mostrava a outra extremidade, que dava para o lado do Vale.

Rápido, atravessou o túnel, chegando à abertura que dava para o Vale.

Ficou deslumbrado com o espetáculo que se estendia diante de seus olhos. Ele teve a impressão de que estava em um outro mundo. Do alto da montanha, avistava-se um lugar coberto por vários desenhos, destacados por muitas cores; desenhos que se mexiam formando o maior espetáculo já visto pelos olhos humanos. Era o Vale.

Avistou a casa branca indicada por Dandar, esperou uns instantes e ouviu um canto maravilhoso vindo do Vale. O eco batia nas paredes das montanhas, transformando-o numa sinfonia celestial.

Saindo de dentro daquela casa branca, ele avistou ao longe uma moça vestida de forma estranha, mas logo reconheceu a sua amada Liza. Ela olhava para o alto das montanhas, em sua direção. Por alguns instantes, teve a ilusão de que ela o via.

Logo voltou à realidade. Ela não poderia vê-lo. Primeiro, os raios do sol confundiam as imagens do Vale para as montanhas, as árvores encobriam qualquer visão; apenas ele podia avistar o Vale entre as frestas das árvores.

Será que Dandar também lhe contara o segredo da montanha, instruindo-a a mostrar-se para ele? Não, Dandar jamais contava para duas pessoas o mesmo segredo.

Talvez algumas pessoas de sua tribo soubessem desse segredo; ele jamais poderia imaginar que do alto da montanha poderia ver o Vale. Olhava esquecido da vida para sua amada. Não podia ver os seus olhos, seu rosto, a boca, nem ouvir sua voz, mas era um consolo para sua alma avistá-la de longe; saber que ela estava bem já o deixava melhor.

Os sinos pararam de tocar e os raios de sol começaram a se fechar. Ele se lembrou do que Dandar havia lhe recomendado: antes do último raio de sol, devia estar fora da montanha, pois ela voltaria a se fechar.

Correu pelo túnel, que já estava escurecendo e ficando frio. O vento soprava forte, quase arrastando-o para trás.

Chegando à outra extremidade, viu que a pedra vinha se fechando de cima para baixo na mesma sequência.

Alguns minutos, e a montanha estava completamente fechada, não deixando nenhuma marca. Era incrível. Ainda sentou-se e ficou observando as três montanhas irmãs. As três nasciam de uma só pedra e em determinada altura se dividiam. Quais seriam os segredos das outras? Certamente, ele não poderia saber.

Chegou em casa quando já estava escuro. Sua mãe tornou a lhe chamar a atenção pelo atraso. Lembrou a ele que um homem não poderia se esquecer de suas obrigações; em breve ele estaria casado, e ela não queria ouvir falatórios sobre seu comportamento.

O pai sentou-se em silêncio em frente de casa, certificou-se de que ele se alimentara, então pediu que o chamassem em sua presença. Estava sério e com ar de preocupação.

Jardon aproximou-se respeitosamente.

— O meu pai chamou-me?

— Sim, eu mandei chamá-lo, filho. Sente-se aqui.

O velho guerreiro tossiu e começou a falar:

— A mãe grande está cuidando da minha esposa. Estou aqui esperando notícias do nascimento do seu irmão. Consenti que ela ficasse na casa da mãe; é o primeiro filho dela e, ao lado da mãe, sente-se mais tranquila. Estava aqui pensando em todos os meus filhos, e lembrando-me do dia em que você nasceu. Sabe, Jardon, o primeiro filho sempre marca a vida da gente, e você, além de ser meu filho, também foi o escolhido para guardar o rosário de pedras. Dentro de poucos dias, você será um homem casado e deverá assumir o seu posto entre os homens.

Jardon, aflito, perguntou:

— Pai, que cargo e qual rosário de pedras eu tenho de guardar?

— Ora, meu filho, o rosário já está contigo; é aquela corrente trabalhada em ouro e prata e as pedras das nossas montanhas.

O cargo é de conselheiro da tribo e você precisa desde já preparar-se para isso. Precisa de uma vez por todas deixar essas bobagens de rapaz sem rumo. Daqui a sete dias será realizado o seu casamento com Bir; você mesmo a escolheu, acredito que foi uma boa escolha para começar a vida. Sete anos não passam rápido, mas é tempo suficiente para você se preparar e melhorar sua vida, então poderá escolher a mais bela moça da nossa tribo para casar-se.

O pai virou-se para ele e pediu:

— Jardon, vá buscar o rosário de pedras, eu quero dar mais uma olhada nele. Chegará o dia em que os três rosários vão se encontrar. O seu avô carrega o primeiro, Dandar o segundo e, você, o terceiro. São os três mistérios das montanhas. Você, meu filho, no tempo certo assumirá como seu pai a liderança do seu povo e vai precisar muito desse rosário, pois ele será seu guia. Os mais velhos vão se acabando, os mais jovens precisam ir se preparando para ocupar seus lugares.

Jardon empalideceu. Ele dera a corrente de presente, agora ela estava nas mãos de Liza. Como ele poderia imaginar que aquele cordão era o tal rosário de que ele tanto ouvira falar!

Como dizer ao seu pai que presenteara Liza com o rosário de pedras e que ele agora pertencia ao Vale? O que iria acontecer com seu povo sem o rosário sagrado? Como reavê-lo? Só tinha um caminho: a mãe grande.

O pai, esperando que ele falasse alguma coisa, tocou-lhe na perna:

— Filho, sua mãe já lhe chamou a atenção pelos seus constantes atrasos. Eu não vou cobrá-lo por isso, mas espero que a partir de amanhã você mude de atitude em seus procedimentos. Agora, vá buscar o rosário! Eu preciso vê-lo, tocá-lo. Você vai aprender os mistérios das três pedras gêmeas. A história da nossa gente, meu filho, um dia vai virar lenda para a nova geração de homens que habitarão o planeta.

Nisto chegou correndo um dos guerreiros, chamando o chefe para um caso de urgência. A mãe grande pedia que ele fosse até lá, o caso era grave. O velho guerreiro se levantou e disse:

— Filho, deixa para a minha volta o que lhe pedi, agora os céus me chamam.

Jardon respirou fundo, estava suando frio; os céus chamavam seu pai e também o acudiam.

Era noite, ele não poderia ir até a casa de Dandar. Os lobos vigiavam o caminho, ali ninguém passava, pensava Jardon. "Amanhã, assim que os primeiros raios da aurora surgirem no céu, vou sair à procura de Dandar. Ela me pediu que não aparecesse mais por lá, só que o assunto é de vida ou morte, eu preciso vê-la. Com a mãe grande falo depois que Dandar me orientar. Deus, o que será que está acontecendo conosco? Está tudo dando errado em nossa vida; será castigo dos céus? Acredito que nestas montanhas nenhuma filha do Vale foi amada por um homem, mas eu amei Liza sobre as montanhas."

Ficou observando o céu estrelado e, logo abaixo, a grande neblina que encobria o Vale. Ficou parado nessa posição por muito tempo. O que estaria acontecendo a Liza neste momento? Ela estava certamente nos braços de outro homem.

E se ela o esquecesse? Estava ficando louco. Esperaria seu pai retornar e então lhe contaria tudo.

Sua mãe e a ex-esposa do seu pai aproximaram-se dele em silêncio; foi sua mãe quem falou:

— Jardon, meu filho, nós estamos preocupadas com você. Você está triste, aborrecido e desgostoso. É por causa da Thira, não é, meu filho? Você se apaixonou por ela, não é mesmo? Sabe, filho, paixão não é amor, logo você a esquece. Ela deixou a tribo e prepara-se para se tornar nossa futura sacerdotisa; estará sempre orando por você. Procure viver, logo estará casando com a filha do Moni. A Bir é uma moça meiga, educada e muito inteligente, você vai se dar bem com ela. Nós estamos aqui a fim de ampará-lo. Fale alguma coisa, filho, para a sua mãe e sua irmã — insistiam as mulheres.

Jardon balançava a cabeça. Abraçou-se à mãe, e todas as outras mulheres, que eram como irmãs, o rodeavam, acariciando-lhe os cabelos. As lágrimas inundavam seus olhos.

— Mãe, eu quero morrer! Não sei o que fazer de minha vida. Nunca imaginei passar por momentos como este. Oh, mãe, só você pode me orientar o caminho a seguir. Meu corpo está aqui, mas a minha alma está muito longe.

Uma mulher, emocionada e chorando pelo sofrimento do jovem, foi até a cozinha, preparou uma chaleira de chá, trouxe-a e o serviu a todos.

Já fazia mais ou menos duas horas que seu pai tinha saído. O que teria acontecido?, lembrou-se Jardon.

Neste momento, ouviram-se murmúrios; eram alguns homens com tochas acesas. Pararam em frente da casa do chefe e avisaram:

— Todas as mulheres e jovens, entrem e fechem as portas. Só saiam quando forem chamados.

Todos empalideceram; isso só acontecia quando morria alguém na tribo. Entraram rápido e fecharam a porta, e Jardon falou para as mulheres:

— Eu conversava com meu pai quando vieram buscá-lo às pressas. Pelo que eu entendi, tratava-se da esposa dele.

— Meu Deus! — exclamou a mãe de Jardon. — Vamos rezar. Teria morrido a mãe ou o filho? Não pode ser! Ela é jovem, forte e sempre foi muito saudável. Estava tudo bem com a gravidez. A morte de um recém-nascido é desgraça para o povo.

Se morria o filho de um chefe guerreiro, este deveria ausentar-se de casa até cremarem o morto. Se morresse a mulher, ele deveria escolher outra antes de cremarem a morta.

Mas, se morressem mãe e filho, o chefe renunciaria ao seu cargo, e os mais velhos, assim como todos os jovens guerreiros, a mãe grande e a sacerdotisa, ficariam em vigília constante, aguardando um sinal do céu, que viria das três montanhas e apontaria o novo chefe da tribo.

Este escolhido deveria ser preparado e orientado para conhecer todos os mistérios da sua gente. Eram momentos de muita tristeza para a tribo uma morte.

O silêncio na tribo era cortado apenas pelo vento, que soprava forte e emitia sons assustadores. As mulheres abraçavam as crianças, que choramingavam assustadas. Ninguém dormia, apesar do silêncio.

Jardon, recostado em sua cama de pedra revestida de couro macio e colchão de penas de diversas aves, segurava a pulseira que pertencera a Liza e pensava no rosário que ela levara consigo.

Já amanhecia quando ouviram um homem anunciando que poderiam abrir as portas de casa. Jardon correu para abrir a porta; estava aflito por notícias de seu pai.

Os mais velhos da tribo estavam vestidos em suas vestes indumentárias de celebração de morte. Jardon empalideceu. Logo um dos guerreiros do seu pai o chamou até o centro da tribo.

Seu pai, vestido igualmente aos outros, com grandes olheiras marcando-lhe o semblante, adiantou-se para o filho dizendo:

— Após a entrega dos dois corpos, ficaremos em vigília constante. Assuma o lugar de chefe na minha casa; tome todas as providências que forem necessárias para a sustentação dos homens enquanto durar a vigília. Você e todos os jovens deverão assumir a responsabilidade das casas e o amparo a mulheres e crianças.

Jardon, trêmulo, não conseguia pronunciar uma palavra; as pernas lhe pesavam como chumbo. Afastou-se cabisbaixo. Agora tinha certeza: era castigo; ele fora o culpado por toda a desgraça que se abatera sobre sua tribo.

Tinha entregado o rosário de pedras a uma filha do Vale, e as montanhas sagradas agora cobravam por isso. Atingira sua casa, seu pai! Fora um egoísta, pensando apenas em si.

As mulheres preparavam chás e bolos para mandar aos homens. Apenas duas mulheres estavam entre os homens do conselho da tribo: Dandar e a mãe grande.

Jardon aproximou-se do conselho; levava água, chá e bolo. Observou Dandar enrolada em seu manto de couro; olhava para ele sem piscar os olhos. A mãe grande, toalha branca amarrada na cabeça, parecia ter envelhecido muitos anos.

"Se pudesse falar com Dandar!", pensou Jardon, "quem sabe ela poderia dizer como fazer para buscar o rosário sagrado".

Os homens em silêncio, cabisbaixos, olhavam para o centro da tribo onde estavam os dois corpos.

Dandar levantou-se com cuidado, aproximou-se de Jardon e lhe disse:

— A mãe nos dirá o que é melhor. Aguardaremos sua ordem. O rosário retornará pelas mãos daquela que foi gerada aos seus pés.

Afastou-se, deixando Jardon confuso. Não tinha entendido suas palavras. O ancião mais velho da tribo era o seu avô; ele lembrou que Dandar lhe confessara amá-lo. Dissera-lhe também que nunca mais o tinha visto, e agora estavam ali, frente a frente.

Os jovens guerreiros deveriam preparar a lenha e as ervas no local sagrado onde os corpos seriam cremados. Antes de os últimos raios de sol desaparecerem no horizonte, as cinzas dos dois corpos deveriam ser levadas aos pés das três montanhas.

Todos os jovens da tribo colocariam uma semente marcada no final da cerimônia, e os espíritos dos mortos escolheriam um entre eles para transportar suas cinzas aos pés das três montanhas mães.

Tinha chegado a hora da cerimônia. Após um canto triste e penoso entoado pelos mais velhos, a mãe grande falou grandes palavras e, por fim, Dandar, com as pontas do polegar, encomendou os corpos.

Um profundo silêncio se fez entre os presentes. Ouvia-se apenas o crepitar do fogo; as labaredas subiam em direção ao céu, misturando-se com as nuvens brancas que estavam tão próximo deles.

Formou-se um grande arco-íris em volta das montanhas mães; os espíritos estavam felizes e iriam viver em paz. Todos olhavam para o arco-íris colorido e brilhante que parecia brincar no céu.

Os jovens recolheram as cinzas e limparam o local com ervas verdes. Agora aquelas duas pessoas habitariam o alto das montanhas, virariam luzes e cores.

O avô de Jardon chamou todos os outros. Conferiram as sementes os que estavam presentes, misturaram-nas várias vezes. Deram-se as mãos, fecharam os olhos e oraram.

O ancião chamou Dandar. Esta fechou os olhos e, com uma ferramenta feita de dentes de lobos, apanhou de dentro do saco de couro uma semente. Todos os jovens estavam de costas para os anciões.

Estes examinaram a semente, passando-a de mão em mão. Dandar então falou:

— Jardon! Apresse-se com a sua tarefa. Deposite as cinzas aos pés das três mães, espere o sinal e retorne para nos contar.

Jardon estava pálido. Os espíritos tinham escolhido ele. Isso vinha a confirmar que ele cometera um crime, que ele era um traidor. Ouviria a voz das três montanhas mães e renunciaria à própria vida pela alegria do seu povo.

Saiu quase correndo, levando o que havia sobrado daquelas duas vidas. A sua tribo agora podia chorar os mortos, pois estes já não os ouviam. Se as três mães o perdoassem, ele daria sua vida pela tribo.

Chegando às montanhas, percebeu a montanha se abrindo, e um vento perfumado vinha dela.

— Devo depositar onde, mãe? Por favor, dê-me um aviso de onde posso deixar o que lhe pertence. — Uma lufada de vento arrancou das mãos dele o pacote de cinzas, que se abriu, formando uma nuvem que começou a subir lentamente.

Jardon olhava para a montanha totalmente aberta, o túnel iluminado; dava para ver do outro lado as árvores que se balançavam. Como se uma mão o arrastasse, ele entrou, chegando à outra extremidade da pedra.

Ouviu o ribombar dos sinos do Vale, e uma paz enorme tomou conta de sua alma. Olhando em direção à casa branca, ele viu Liza, que olhava para as montanhas.

Ali mesmo ajoelhou-se, deixando que as lágrimas rolassem pelo seu rosto, e entendeu que a vida deles dois não era mais importante que a sua tribo, o seu povo.

— Eu te amarei sempre, Liza, virei todos os dias aqui, não só para ver você, mas para rezar e agradecer a Grande Força que está acima de nós. — Fechou os olhos e começou a rezar; Liza, também de olhos fechados, rezava.

Uma corrente iluminada prendia aquelas duas almas; eram dois pensamentos que se uniam no amor e na renúncia. Liza orava:

— Deus Pai, dai ao Jardon a felicidade que desejo para mim. Viverei como os filhos do Vale, serei uma boa esposa e mãe se essa for vossa vontade. Só peço que protejais meus irmãos das montanhas, onde recebi tanto carinho e amor. Olhai por Jardon, que ele viva em paz, o amarei por todo o sempre, mas cumprirei a vossa vontade.

Jardon afastou-se com o coração cheio de paz. Ao chegar do outro lado, ele viu uma espécie de avestruz que cavava o chão perto da montanha. Parou e lembrou-se das recomendações de Dandar: devia aguardar os sinais das três mães.

Prestou atenção no animal, que depositara algumas pedras luminosas aos seus pés, e correu em sua direção. Uma grande pena caiu. Um último raio de sol iluminava o chão, atingindo nitidamente as pedras.

Era ouro e prata, diante das pedras; ele firmou os olhos e viu um grande colar, que se formava no mesmo formato daquele que ele dera a Liza. A pena parecia flutuar, e então ele viu nitidamente Thira com ele na mão.

As imagens desapareceram e o último raio de sol também. Abaixou-se, recolheu cuidadosamente as pedras, que faiscavam em sua mão, e a pena alva que parecia aquecida.

Apressou-se no caminho; ele já sabia como montar o rosário, e a pena iria para as mãos da nova sacerdotisa de sua tribo. Aquele que fosse escolhido como chefe no lugar de seu pai receberia o rosário sagrado.

Ele ria de contentamento. As três mães o haviam perdoado; era o homem mais feliz das montanhas. Aproximou-se da tribo e ouviu o pranto do seu povo pelos mortos.

O conselho da tribo o observava com olhares ansiosos. Dandar, a sacerdotisa, chegou bem perto dele e perguntou:

— E então, meu rapaz? O que nos conta?

— Grande sacerdotisa, sua sabedoria é tão grande como grande são nossas montanhas. — Ajoelhou-se diante dela. — Grande sacerdotisa, nosso povo viverá; uma nova era começa para nossa tribo. Novas pedras surgiram e reinarão; outras mãos escreverão as mensagens da nossa tribo. Outras mãos receberão os filhos das três mães.

Dandar, curvada pelo peso dos anos, respirou fundo e dos seus lábios enrugados abriu-se um sorriso. Seus olhos cinzentos brilharam por alguns instantes.

Jardon estendeu a branca pena que balançava nas mãos da sacerdotisa e, abrindo o casaco, mostrou as pequenas pedras redondas que brilhavam como luzes na penumbra da tarde.

— Levanta-te, nobre filho, passarei aos mais velhos os sinais do céu. Esta pena é a confirmação de Thira como a grande sacerdotisa da Nova Era. As pedras são o total de anos que os mais velhos não verão mais a morte de seus jovens.

Todo o conselho, inclusive seu pai, mostrava nova disposição ao ouvir as palavras da Dandar. Em cima da grande pedra central que servia como mesa, espalharam as pedras.

O avô de Jardon contou as pedras.

— Confirmem, irmãos, se contei certo: são vinte e três. — Todos se entreolharam: vinte e três? — Contaremos novamente, irmãos, posso ter me enganado. — O ancião não se enganara, eram vinte e três pedras mesmo.

Dandar, abraçando Jardon, falou-lhe baixinho:

— Vai descansar, ficaremos em vigília; a nossa tribo está abençoada. Que felicidade a minha! Jamais verei a morte entre os nossos jovens. Verei a minha própria morte e a dos meus irmãos que já murcham para a vida, enquanto vocês desabrocham para ocupar o nosso lugar.

A boa notícia corria de boca em boca; a tribo voltava a ter paz.

No sétimo dia, crianças, jovens e mulheres deveriam recolher-se, fechando as portas e só aparecendo quando chamados.

Depois que os últimos raios de sol fecharam-se, começou-se a ouvir o reboar dos trovões, que parecia bater nas pedras das montanhas, fazendo um eco ouvido até o céu.

As casas fechadas, sem nenhuma tocha acesa, pareciam incendiar-se com o clarão que vinha dos céus. Os relâmpagos atravessavam as montanhas em todas as direções.

O vento soprava entre as árvores, que pareciam gritar pedindo socorro. Uma chuva de pedra caía sobre as pedras das montanhas, como se houvesse uma guerra entre elas.

Os mais velhos permaneciam no mesmo lugar, de mãos dadas, ouvidos atentos. Tremiam pela dor das pedras atiradas sem dó em seus corpos, e o vento soprava, castigando de frio seus ossos já enfraquecidos.

Aos poucos, o silêncio veio chegando do céu; ouvia-se apenas o barulho das águas descendo furiosamente em direção ao Vale. O silêncio voltou a reinar; os mais velhos foram até o centro, onde tinham ficado os nomes de todos os jovens guerreiros da tribo.

O nome do novo chefe estava fincado na madeira. Todos se entreolharam, fazendo a última oração de agradecimento às forças do Altíssimo.

O mais velho dos velhos era o avô de Jardon; foi até lá, retirou a madeira e a trouxe diante dos olhares ansiosos dos outros.

Dandar, a grande sacerdotisa, então disse:

— Jardon! Ele será o novo chefe da tribo. Você, mãe grande, deve começar a instruí-lo sobre como nasce um guerreiro, e depois será a vez de cada um de nós, sem perda de tempo, passarmos nossos conhecimentos.

Os mais velhos ficaram contentes, os bons espíritos escolhiam sempre o melhor, e o escolhido teria tempo de estudar e aprender com eles os mistérios do seu povo.

A alegria tomou conta das montanhas. O povo, em unanimidade, aplaudia a sabedoria do grande pai na escolha do novo chefe. E que bênção os mais velhos não verem mais a morte de nenhum jovem.

Marcaram o casamento do futuro chefe para dali a um mês. Quando a lua apontasse cheia no alto da montanha, ele estaria se casando com a filha do Moni, e, nesse ínterim, já deveria ter conversado com cada um dos mais velhos de sua tribo.

Seu pai seria o seu conselheiro, e ele deveria renunciar a si mesmo em benefício do seu povo. Jardon afastou-se da multidão e foi até o velho tronco da mangueira. Lembrava-se de Liza e não podia conter as lágrimas.

Aos pés da montanha, ele já fizera o seu juramento: viveria para o seu povo, faria Bir a mulher mais feliz de sua tribo. Foi então que se lembrou das palavras da sacerdotisa: as pedras diziam que os mais velhos não veriam a morte dos mais jovens durante vinte e três anos. Será que o pai grande resolvera mudar seu destino? Se assim fosse, ele também juraria aos pés da montanha: jamais tomaria outra esposa.

Quantas bênçãos! Iria fazer o seu povo feliz, e sonhava com tudo o que poderia fazer por ele.

Montaria o seu rosário e o apresentaria no dia de sua posse. Seu pai seria seu conselheiro, tudo daria certo. Ele fora perdoado pelo seu grande erro. Mas guardava dentro da alma o amor que devotava a Liza.

Dandar lhe dissera que as responsabilidades da matéria eram umas, e as do espírito poderiam ser outras. Trabalharia e viveria para seu povo, mas sua alma e seu amor estavam no Vale.

Ele iria todos os dias à montanha olhar o Vale e ouvir o canto dos sinos na hora da Ave-Maria, e também veria sua alma gêmea de longe. Seria feliz em poder vê-la de longe; tiraria dessa visão forças para viver.

Capítulo V

No Vale, o casamento de Liza foi adiado; Benn achou conveniente preparar melhor sua noiva. Ele não tinha pressa; tudo o que queria era vê-la feliz.

Passaram-se um mês e alguns dias, e aos poucos Liza foi aceitando a nova vida. Com muito amor e paciência, Benn foi deixando ela à vontade, com isso ele conquistou sua amizade.

Marcaram o casamento e tudo seria como o costume local. Uma cerimônia simples, para não constranger a noiva.

Liza estava se envolvendo com coisas que ela nunca imaginou existir. Foi orientada que deveria responder "sim" quando o homem vestido com roupas estranhas lhe perguntasse se aceitaria Benn como marido. E assim ela fez quando foi interrogada.

Às dezoito horas, os sinos tocavam. Liza, vestida com aquela roupa branca e enfeitada de flores, saiu junto com as demais pessoas que em silêncio oravam.

Ela observou que todos estavam de olhos fechados e de costas para a montanha. Ela ficou de frente para sua antiga morada, olhando para o alto da montanha.

Jardon observava a cena; dava para reconhecê-la. Ele entendeu que era a festa do seu casamento e, sem se esforçar, secava as lágrimas que teimavam em descer pelas suas faces.

O ciúme machucava sua alma; o ciúme nos lembra do que tentamos esquecer. Brinca com a alma e castiga o corpo físico. O ciúme lhe dizia que ela logo mais estaria nos braços de outro homem... talvez viesse a amar o esposo e o esquecesse para sempre.

Um nó lhe apertou a garganta; não deveria sofrer, pois amor não é sofrimento, mas era muito difícil imaginá-la nos braços de outro homem. Olhou para todas as pessoas e facilmente identificou o marido de Liza, pois este homem abraçou-a.

Ficou enciumado; aquele homem teria nos braços a sua alma. Nossa consciência, que faz o papel de juiz de paz dentro de nós, fez com que ele lembrasse que Liza era sua alma gêmea; se ele cuidasse bem dela, ele precisava gostar daquele homem, respeitar aquela criatura que também fazia parte de sua vida.

Assim que todos entraram para festejar o casamento de Liza, ele ficou olhando a imensidão do Vale e desejando ter asas; voaria até o Vale e quem sabe ficaria lá para sempre.

O dever o chamou à realidade! Precisava se retirar antes de as montanhas se fecharem; além disso, sua tribo o esperava.

Olhando para as primeiras estrelas que apareciam logo após o pôr do sol, ele voltou para a sua tribo com novas ideias. Teria de fazer sua gente feliz; Liza sacrificara-se, e ele estava sendo egoísta não fazendo o mesmo.

Algo dentro dele rompeu-se como uma fonte represada que de repente se transforma em cachoeira; sorria para todos, procurou os mais velhos para acertar os detalhes do seu casamento.

Enquanto isso, no Vale, os convidados se retiraram. Liza e Benn ficaram a sós em seu quarto nupcial. Benn estava nervoso; nunca tivera em seus braços outra mulher a não ser Berenice.

Liza era linda, algo nela lhe lembrava sua amada. Tomou banho e, com um frasco de perfume na mão, pensou: "Será que Liza gosta de perfume?" Esquecera de lhe perguntar, mas certamente que gostava; qual era a moça que não gostava de perfume?

Liza trocou o vestido de casamento, os pés doíam-lhe, nunca tinha usado algo tão apertado como aquele sapato. Estava tensa. Enquanto tomava banho imaginava o que seria de sua vida dali para frente. Ela conhecera o amor com Jardon, agora enfrentaria outra realidade. Iria se esforçar para não desagradar o esposo, que até agora lhe cobria de agrados e gentilezas. Realmente, a mãe grande tinha razão: ele era de fato um bom homem.

Sara havia lhe ensinado a preparar-se para mostrar-se diante do marido. Tinha se arrumado e se preparado conforme orientação de Sara; ela estava sendo uma mãe, pensava Liza. Colocou a bonita camisola, escovou bem os dentes e os cabelos, perfumou-se com aquelas essências que Sara lhe dera.

Entrou devagar no novo quarto onde deveria doravante dormir com seu marido. Ficou olhando para aquela enorme cama coberta com finos lençóis bordados.

Havia uma fragrância gostosa no ar; a janela do quarto estava aberta, e o céu estrelado lhe chamou a atenção. Uma brisa entrava no quarto iluminado por duas velas perfumadas. Ela observava tudo, era como se estivesse sonhando.

As cortinas se balançavam, formando sombras na parede. Liza ficou com medo; pareciam fantasmas brincando de esconde-esconde. Debruçou-se na janela e ficou ouvindo o canto dos grilos que habitavam o Vale.

A porta do quarto se abriu devagar. Liza assustou-se, virando-se rapidamente, e viu Benn entrando. Ele se aproximou dela, abraçou-a e ficaram em silêncio. Benn foi até a mesa de centro, pegou duas taças, encheu-as de champanhe, ofereceu uma a Liza e falou:

— Liza, guardei essa garrafa especialmente para este dia. Vamos brindar a nossa primeira noite juntos, quero fazê-la feliz. Não quero apenas ser seu marido, mas também seu amigo. Não tenha medo de mim; só faremos aquilo com que você estiver de acordo.

Brindaram e beberam juntos. Liza gostou daquela bebida fina e doce. Tomou outra taça, e um calor se espalhou pelo seu corpo, fazendo com que ela se esquecesse de pensar nas montanhas.

Envolveu-se nos braços de Benn, que a levou até a cama. Liza sentia uma brisa passando pelo seu corpo; o ar fresco da noite entrava pela janela, perfumando o quarto. Ali começava uma nova etapa de sua vida, Liza falava para si mesma.

Tudo aconteceu com naturalidade, foi como um sonho para ambos.

Benn acordou cedo no outro dia e ficou olhando Liza, que dormia profundamente. Estava linda; parecia um anjo, pensava Benn.

Ele, que jamais imaginara amar outra mulher, agora estava ali, começando a amar a moça que viera das montanhas para preencher sua vida.

Levantou-se devagar, banhou-se e vestiu-se. Sem fazer barulho, foi até a cozinha, encontrando Sara já de pé. Esta, vendo o seu semblante feliz, perguntou:

— Está tudo bem com o senhor?

— Sim, está tudo ótimo, Sara.

Tomou um copo de leite e pediu a Sara:

— Prepare uma bandeja com tudo o que for necessário, não esqueça de acrescentar uma rosa vermelha. — E, pegando um cartão, escreveu timidamente esta frase: "Liza, muito obrigado. Estou feliz em tê-la comigo". — Sara, por favor, ajude minha esposa em tudo o que ela necessitar; leia para ela este cartão. Seja discreta e compreensiva; desde já agradeço. Você sempre foi como uma mãe para mim.

Saiu, deixando Sara com os olhos rasos de lágrimas. Ela realmente gostava do senhor Benn, ele sempre tinha sido muito bom para com todos os empregados. Apesar de ele ser muito fechado, sabia fazer com que as pessoas se afeiçoassem a ele.

Sara arrumou a bandeja com todo o carinho, fez um buquê com lírios-brancos e rosas-vermelhas, e colocou-o na bandeja ao lado do cartão. Entrou discretamente no quarto; Liza ainda dormia. Sara colocou a bandeja na mesinha de lado, saindo sem fazer barulho.

Benn estava alegre e bem-disposto; brincou com os empregados, coisa que dificilmente fazia. Foi até o curral e comunicou ao capataz da fazenda que providenciasse um ferro com as iniciais BL, e explicou que doravante todos os bezerros de sua fazenda levariam esta marca: BL (Benn e Liza).

Liza acordou e ficou comovida diante de tantas gentilezas por parte de Benn. Pediu a Sara que lesse o cartão e manifestou a vontade de aprender a ler e escrever. A boa governanta sorriu animada e disse-lhe:

— Tenho certeza de que o senhor Benn vai ficar muito contente com seu desejo.

Ela levantou-se, arrumou-se e foi ter com a sogra, que a recebeu com muito carinho. A pobre senhora já não se mexia, estava completamente imobilizada. Liza ajudou Sara a cuidar da doente, dando-lhe banho e trocando o leito.

Ficou fazendo companhia para a doente, dando os seus remédios e alimentação. Quando esta adormeceu, Liza saiu e foi dar uma olhada na casa. Como era bonita e bem cuidada!

Andando pelo jardim, imaginava: "Quem é Berenice para me proteger tanto assim?"

Estava ali graças a ela.

Foi no pátio e olhou em direção às montanhas; o sol brilhava num céu azul e límpido. As flores ornamentavam os arredores, observou Liza. A terra era plana e úmida, tudo ali era diferente das montanhas. Quantas saudades! Jamais poderia esquecer quanto tinha sido feliz entre as montanhas sagradas, mas sua vida doravante era no Vale.

Benn voltou para o almoço. Antes de qualquer coisa, quis saber de sua mãe. Entrou no quarto de mãos dadas com Liza, e a mãe, acordando e vendo os dois juntos, esboçou um sorriso. Benn aproximou-se e beijou-lhe a testa.

Ela olhou para a nora e disse com dificuldade:

— Eu estou muito feliz por você ter casado com ela. É linda e bondosa, quero-a como uma filha.

Benn era um homem sensível; seus olhos se encheram de lágrimas. Puxando Liza para perto de si, respondeu:

— Mãe, eu sou um homem de muita sorte.

Passaram-se um mês e alguns dias. Liza já estava se habituando a sua nova vida; todos os dias, religiosamente às dezoito horas, quando o grande sino anunciava a hora da Ave-Maria, ela estava diante de sua casa orando de frente para as montanhas. Os empregados estranhavam o jeito de sua patroa rezar, de costas para o sol, mas respeitavam seu gesto.

Liza começou a sentir náuseas; tudo o que comia jogava para fora. Foi Sara quem alertou Liza:

— Isso é gravidez — e começou a preparar remédios naturais para que ela pudesse tomar.

Benn não cabia em si de tanta felicidade. Teriam um filho! Isso era tudo o que sonhara um dia com Berenice, e agora estava acontecendo com ele e Liza. Coçou a barba rala e teve medo de falar o que sentia. Nunca tinha falado para Liza: "eu te amo". Mas ele estava amando aquela moça tanto, ou mais, quanto havia amado Berenice.

Berenice era uma santa, e Liza era sua mulher, aquela que lhe daria um filho. Se fosse menino deixaria Liza escolher o nome, mas, sendo menina, o nome dela seria Berenice.

Nas montanhas, Jardon aprofundou-se nos estudos dos mistérios; estava apto para assumir suas tarefas de chefe da tribo. Seu casamento foi celebrado em lugar aberto; a tribo toda estava presente.

Bir não era linda como a maioria das moças ali, mas era meiga, educada e delicada. Sensível e frágil, tinha um sorriso quase infantil, e seus olhos eram de um azul tão profundo que Jardon brincava com ela dizendo:

— Estou vendo o céu nos seus olhos.

A tribo se reunia em volta do novo chefe, e as ideias surgiam de todos os lados. Uma delas foi aprovada por unanimidade entre os jovens: diante da confirmação das pedras de que não haveria morte entre seu povo, que tal formarem dois conselhos: os mais velhos e os aprendizes? Formariam dois grupos. O pai de Jardon poderia liderar o segundo grupo, e o avô, o primeiro. Finalmente, os dois se reuniriam para discutir os assuntos em comum. Jardon achou interessante; convocou os mais velhos, e todos concordaram.

Dandar trocou um olhar de cumplicidade com a mãe grande; esta parecia ter envelhecido vinte anos. Dandar, a grande sacerdotisa, por fim falou:

— Nós já ensinamos tudo o que podíamos passar para os novos líderes. Eu já tenho a minha substituta, a mãe grande também já tem uma substituta. Creio que todos têm os seus; está na hora de descansarmos um pouco.

Jardon concordou em deixá-los descansarem, contanto que os orientassem. Assim formaram-se dois grupos; inicialmente, os mais velhos instruíam os membros do segundo grupo. Discutidos todos os assuntos, os líderes de cada grupo reuniam-se com o chefe da tribo para acertarem os acordos.

Todos os dias, Jardon lá estava observando o Vale. Viu a barriga de Liza crescendo; às vezes sorria, achando graça no seu andar, outras vezes, seus olhos se enchiam de lágrimas de saudades. Ah, se pudesse ir até ela, beijar-lhe as mãos e tocar sua barriga. Liza ia ter um filho no Vale.

Liza acariciava sua barriga e sabia que Dandar nunca se enganava; ela trouxera uma semente das montanhas dentro de si, que crescia a cada dia que passava. Logo estaria nascendo um pedaço do seu amor com Jardon.

Sabia que seria uma menina; precisava pensar num jeito de fazer Benn mudar de ideia quanto ao nome de sua filha. Ela já trouxera um nome escrito nas estrelas das suas montanhas. Seu nome seria Híria.

Liza ficava olhando para as montanhas ao longe e viajando através dos pensamentos. "Jardon, meu amor, você jamais saberá que eu trouxe a semente de sua alma comigo."

Será que Dandar contaria para ele? Não, ela jamais contaria. Sua filha seria a filha de Benn, um homem bom, honesto e amoroso. Se pudesse amar Benn... Mas era impossível; sua alma pertencia a Jardon.

Liza já estava adaptada com os costumes do Vale. Com boa vontade, ela já lia e escrevia muito bem. A única coisa que ainda não gostava mesmo era de andar sozinha; sentia medo. O único lugar em que ela se sentia segura era na beira do rio, onde morrera Berenice.

Tinha adotado Sara como sua mãe; nada fazia sem consultá-la, e esta se apegara a Liza, que passou a ser a filha que nunca tivera. Sara esperava que Liza lhe contasse alguma coisa de sua vida nas montanhas, para sossegar a angústia de sua alma, mas ela nunca relatava nada sobre sua vida.

Jamais iria lhe fazer perguntas, mas tinha alguma coisa dentro de si que lhe dizia ser Liza a menina que ela vira nascer. E se fosse? A mãe dela agora era uma senhora respeitável, esposa do homem mais importante do Vale.

Sara ensinou Liza a bordar em seda e linho finos; prepararam então o enxoval do bebê com todo o capricho. Benn fazia questão de que seu filho tivesse do bom e do melhor, assim como sua esposa Liza.

Benn preparou um quarto com capricho e bom gosto para o filho. Mandou forrá-lo desde o teto até o piso com mármore branco, tendo o cômodo janelas altas e largas.

Ele mesmo plantou no beiral da janela, intercalando manjericão com cravos, alecrim com rosas mirins de cores variadas. Estavam com botões para abrirem nos próximos dias, ele os inspecionava diariamente.

Dizia para Liza:

— Quando a primeira rosa se abrir, nossa filha também nascerá, tenho certeza. Sou o homem mais feliz do Vale. Você, Liza, modificou a minha vida; já não carrego na alma o gosto amargo da solidão.

Uma tarde, a mãe de Benn chamou o filho e a nora, e pediu que Sara também ficasse junto. Começou a falar, respirando e parando. Pediu ao filho que amparasse Liza, agradeceu a Sara por todo o carinho e cuidados que tinha lhe dedicado, e pediu a ela que não abandonasse seu filho e sua nora. Pediu ainda que colocasse a mão dela na barriga de Liza, abençoou a criança e, olhando para Sara, já com uma névoa encobrindo o brilho dos olhos, rogou:

— Cuide da minha netinha, Sara. Faça por ela aquilo que eu não vou poder fazer.

Olhava para Liza e Benn, e seu olhar era como uma luz que vai se apagando e perdendo a chama de um lado para o outro. Ainda falou, antes de dar o último suspiro:

— Eu amo vocês. — Fechou os olhos e entregou sua alma a Deus.

Benn ficou deprimido e muito triste. Liza não saiu do seu lado; falava-lhe coisas bonitas e animadoras. Ela sentiu quanto aquele homem era amoroso e generoso. Abraçando-se a ele, sentiu um enorme desejo de poder amá-lo, mas era impossível. Ela descera das montanhas para o Vale, mas sua alma tinha ficado no alto das montanhas: era Jardon.

Estavam na primavera. Fazia duas semanas que a sogra de Liza havia falecido. Benn saíra para seus afazeres; Liza conversava com Sara no jardim, ambas admirando os canteiros de gerânios. Nunca tinham visto tantas flores juntas, e tão belas.

Liza sentiu algo quente escorrer pelas suas pernas; ficou assustada e logo foi amparada por Sara, que lhe sorriu dizendo:

— Foi a bolsa de água que arrebentou; sua filha está chegando, Liza.

Levou a moça dali e ajudou a prepará-la, deixando-a tranquila. Pediu que avisassem Benn e a parteira, que já aguardava o chamado. Liza começou a sentir as contrações, que foram aumentando cada vez mais.

Os sinos começaram a tocar, e Liza, que se deitava e levantava, auxiliada e amparada pela parteira e por Sara, pediu às duas:

— Quero ir até o local de sempre fazer minha oração; é hora da Ave-Maria.

A parteira ainda pensou em dizer-lhe: "Senhora, hoje é um dia especial. Deus perdoa por não estar lá fora fazendo sua devoção", mas percebeu que a moça já se encaminhava porta afora.

Sara e Benn acompanharam Liza, amparando-a de um lado, e, do outro, a parteira. Jardon empalideceu; Liza estava para dar à luz. Uma contração forte fez com que Liza colocasse as mãos sobre o ventre, sendo amparada pelos três, que a levaram de volta para dentro da casa.

Jardon queria atirar-se das montanhas, correr em direção a ela, gritar-lhe que estava ali. Ah, se tivesse asas, voaria ao seu encontro! Deus, o filho de Liza estava nascendo; agora sim ela teria o maior amor de sua vida: seu filho, nascido no Vale.

Retornou para a outra margem da montanha e sentou-se, desanimado. Talvez fosse melhor nunca mais voltar às montanhas na hora da Ave-Maria; talvez fosse melhor nunca mais rever Liza. Ele precisava viver e cuidar bem do seu povo, mas também não podia viver sem vê-la; ela era o sentido de sua vida.

Voltou para casa, deitou-se e ficou de olhos fechados. Bir entrou vagarosamente, sentando-se ao seu lado. Passou a mão pelos seus cabelos, e viu duas lágrimas rolando pelas faces do marido; secou-as em silêncio.

Jardon pediu:

— Bir, por favor, deixe-me um pouco sozinho, preciso chorar, preciso aliviar meu coração.

Ela tomou a mão dele, perguntando:

— Meu marido, não quer confiar em mim? Sou sua esposa, mas, acima de tudo, sua amiga. Seja qual for o motivo de sua dor, divida-a comigo, por favor.

Ele sentou-se e, abraçando a esposa, disse:

— Bir, você é a melhor pessoa da nossa tribo, é a melhor companheira que um homem possa merecer, mas tem coisas, Bir, que estão acima da nossa razão.

— Eu sei, Jardon. O amor, por exemplo, está acima de qualquer razão. Nós podemos podar o destino, separando os corpos, mas as raízes estão lá, profundas e resistentes; as almas não se separam.

Ele engoliu em seco; por que Bir lhe falava aquilo? Sempre fizera o possível para não magoá-la, e agora ela lhe falava de uma forma como se soubesse do seu segredo. Ficou em silêncio olhando para a esposa.

Ela sorriu e disse-lhe:

— Fique tranquilo, meu amor, cada povo tem sua própria cultura e costumes; nós nos casamos e vivemos bem, muito bem. Você é o melhor de todos os maridos, mas não me ama e jamais poderia me amar. Sua alma está longe de você; vou sempre compreender suas lágrimas de saudades. Você agora está sofrendo porque alguma coisa o machucou fundo, algo ligado a sua alma. Eu estou aqui, meu amor, não para condená-lo, mas para ampará-lo; se você não pode estar ao lado dela por algum motivo, o Pai de todos nós lhe oferece um consolo: eu, por exemplo, Jardon, que o amo e estou aqui. Vou deixá-lo, pode chorar, se assim desejar. Estarei lhe preparando um chá para deixá-lo mais calmo. Se precisar de mim, me chame, virei correndo. — Beijou a testa do esposo e saiu, encostando a porta.

Na cozinha, Bir preparava o chá enquanto lágrimas desciam por suas faces. Ela pensava: "Será que no mundo inteiro o destino das pessoas é igual aos de minha tribo?" Como era doloroso o destino das mulheres de sua tribo. Eram escolhidas para o casamento, algumas se apaixonavam pelos maridos e sofriam antecipadamente, pois sabiam que, mais dia, menos dia, eles escolheriam uma outra jovem para esposa, e elas simplesmente abaixariam a cabeça, engolindo a própria dor.

As ex-esposas ainda jovens passavam a cuidar dos filhos dos ex-maridos, e de vez em quando, em noites de lua cheia, iam brincar no estreito rio que ficava entre as montanhas. Os jovens solteiros brincavam com elas, aprendiam com elas a vida sexual. Dali a sete anos, Jardon certamente estaria escolhendo uma nova esposa; ela jamais iria banhar-se no rio nas noites de lua.

Terminava de colocar o chá na caneca quando Jardon chegou à cozinha, aproximou-se dela, abraçando-a, e pediu-lhe perdão.

Ficaram abraçados em silêncio e então ele falou:

— Bir, ouça bem o que tenho a lhe dizer: jamais a deixarei por mulher nenhuma, você pode ter toda a certeza disso; enquanto viver, estarei ao seu lado. Só lhe peço um pouco de paciência comigo; quero sua amizade, preciso do seu amor, preciso de sua luz. A vida, Bir, nos prega algumas peças; a minha história de amor por outra mulher começou no mesmo dia em que escolhi você para esposa. Mas posso lhe garantir que você não deve temer nada. Não a escolhi apenas porque é filha do Moni, mas porque eu soube das suas boas qualidades. Não se acanhe do seu físico; a beleza do seu espírito supera toda a beleza carnal de uma mulher.

Bir, abraçada ao marido, nada dizia, mas seu coração se enchia de paz e alegria. Então Jardon se importava com ela; não se casara apenas por comodidade ou interesse.

— Bir, preciso abrir o meu coração, confio em você — continuou ele. — Vamos tomar o chá e conversar.

Bir sorriu; seu marido confiava nela. Seria, acima de tudo, sua confidente; faria tudo para vê-lo feliz.

Jardon então contou a Bir sobre o encontro com a menina do Vale. Sobre os poucos momentos em que estiveram juntos e o grande amor que os unira para sempre. Falou da partida de Liza para o Vale e do seu casamento com um dos homens de lá.

Ocultou sua ida às montanhas todos os dias na hora do crepúsculo e que avistava Liza de longe. Escondeu que suas lágrimas eram de ciúme, mágoa e dor por não poder tê-la para si. Escondeu que as lágrimas eram por saber que Liza estava dando à luz um filho do Vale, e não das montanhas.

Bir ficou sem palavras; ela achava que o grande amor de seu marido fosse a sacerdotisa Thira. Sabia que eles brincavam no rio em noites de lua cheia; Thira era linda e tinha algo nela diferente de todas as mulheres da tribo; tinha um brilho no olhar que encantava as pessoas.

Foi uma surpresa a revelação de Jardon sobre a menina do Vale. Bir lembrava, quando pequena, que corria para dentro de casa, agarrando-se à mãe, quando ouvia as histórias a respeito da menina do Vale. Falavam que ela era uma fada, que vivia com os animais e à noite voava das montanhas para o Vale, montada em um cavalo negro. De vez em quando, ouvia entre as amigas boatos que os homens contavam sobre terem visto a menina. Falavam coisas que Bir sabia não serem verdadeiras: que ela encantava os homens, virava serpente, um pássaro etc.

Então Jardon apaixonara-se pela menina do Vale! Bir estava trêmula; engolia o chá e não sabia o que dizer para o marido. Realmente, o caso era gravíssimo; nenhum homem ou mulher da tribo poderia se envolver com pessoas do Vale.

Mas logo suspirou fundo e pensou: "Jardon não vai ao Vale, ela não vem às montanhas. A tola estou sendo eu em me preocupar tanto. Ele vai se acostumar com sua ausência, esquecendo-se dela". Sorrindo, disse:

— Vamos fazer um juramento: eu nunca mais vou lhe perguntar nada do seu amor que está no Vale, e você nunca mais vai falar dela para mim!

— Está combinado — disse Jardon.

Jardon compreendeu que ali estava sua companheira de vida. Dandar havia lhe indicado a melhor pessoa de toda a tribo. Iria fazer tudo o que pudesse pelo seu povo; haveria de fazer Bir a mulher mais feliz do mundo.

Sua alma poderia esperar até ele morrer; enquanto estivesse vivo, neste corpo, lutaria por sua gente. Mas não deixaria de ir até as montanhas vê-la de longe; isso em nada atrapalharia sua vida, pelo contrário, acalmaria sua alma inconformada com a separação dos corpos.

Enquanto isso, no Vale, Liza dava à luz uma menina forte e linda. As primeiras estrelas já apontavam no céu. Benn chorava de alegria; apertava a mão da esposa, emocionado. Tomou coragem e falou para Liza o que não tivera coragem de lhe dizer desde há muito tempo:

— Eu te amo, Liza.

Os olhos dela se encheram de lágrimas. Olhando para a filha, que choramingava ao seu lado, Liza, pensando em Jardon, falou alto:

— Nossa filha é linda; se parece com o pai.

Benn beijou-lhe a fronte.

— Realmente, Liza, nossa filha é linda, mas se parece mesmo é com você.

Benn informou a Liza que gostaria que a menina se chamasse Berenice. Liza, com todo o cuidado, explicou ao marido que ela rezava por Berenice e a amava tanto quanto ele. Que a considerava uma santa, e por isso mesmo não gostaria de aborrecer Berenice a todo instante quando chamasse por sua filha.

Benn baixou a cabeça, pensou e em seguida respondeu:

— Você tem razão, Liza, eu não tinha pensado nisto. Vamos então escolher um bonito nome para ela.

— Eu tenho um nome bonito que gostaria de colocar em nossa filha.

— E qual é o nome, Liza?

— Eu gostaria de chamá-la de Híria.

Benn coçou a barba e, rindo, disse:

— É um nome diferente aqui no Vale; não tem nenhuma menina Híria. O que quer dizer esse nome?

— Aquela que desceu do céu — respondeu Liza.

— Então vamos chamar nossa filha de Híria — concordou Benn. Liza sorriu e abraçou o esposo.

Sara entrou trazendo-lhe um caldo quente e pedindo ao marido que a deixasse descansar. Este, comovido e eufórico, sentia-se o homem mais feliz do mundo.

Nas montanhas, Jardon amanheceu ansioso. Queria saber notícias de Liza. Ah, se pudesse ir até Dandar... Ela sabia de tudo. Mas esperou a hora da Ave-Maria. Assim que a montanha mãe se abriu, ele correu; queria avistar o Vale.

Os sinos tocavam, anunciando a Ave-Maria. O Vale estava em silêncio, e Jardon olhava para a casa de sua amada. Liza não estava no lugar de sempre. Certamente estava repousando; tudo estava calmo e em paz na casa de Liza, então tudo correra bem com o parto. Teria tido um menino ou uma menina? Como se chamaria? Os pensamentos iam até o Vale.

Será que a veria algum dia com o bebê nos braços? Olhava os pássaros voando e sentia um aperto no peito; se pudesse voar... Dandar lhe dissera que conversava com as estrelas e com os pássaros. Ah! Se ele pudesse mandar um recado e receber notícias do Vale...

Estava envolvido em seus pensamentos quando ouviu uma voz atrás dele:

— Apreciando o pôr do sol, Jardon? É realmente uma das coisas mais bonitas com que o Grande Pai nos presenteou. — Era Dandar.

O rapaz correu ao seu encontro, quase se atirando aos seus pés.

— Sacerdotisa, me abençoe! Estava aqui exatamente pensando na senhora. Ontem eu vi Liza se preparando para dar à luz. Hoje não a vi; tudo está parado em volta de sua casa, não vi ninguém. Suponho que tudo deva ter corrido bem.

— Jardon, chefe guerreiro, sossega o teu coração — respondeu a sacerdotisa. — Liza é forte e saudável, certamente gerou uma criança sadia que, a estas horas, deve estar de olhos abertos como o povo das montanhas. Não te esqueças, meu filho: mesmo longe das montanhas, nas veias deste pequeno ser corre o nosso sangue. Liza certamente é filha de algum dos nossos irmãos guerreiros, e a filha dela carrega essa herança.

— Como sabe que é uma filha, Dandar?

— Coisas do Criador, meu filho, coisas do Criador. Sei que se chamará Híria, e fica sossegado que um dia tu a verás ao lado de Liza.

— Híria... Que nome lindo! — balbuciou o rapaz, pensativo. — Qual é o significado desse nome, grande sacerdotisa?

— Aquela que desceu do céu — respondeu ela. — Vamos embora, Jardon, o vento já desce, fechando a passagem.

Ele olhou em direção ao Vale mais uma vez; tinha esperança de ver alguém, mas tudo estava deserto aos seus olhos. Acompanhou a sacerdotisa, chegando a tempo de ver a grande mágica da montanha, que se encontrava fechando-se sem deixar suspeitas.

Jardon criou coragem e perguntou para a sacerdotisa:

— Dandar, me atormentam os pensamentos sobre o que me falou a respeito da morte em nossa tribo.

Dandar sorriu, pegando a mão do rapaz.

— Meu filho, as coisas do Criador são sagradas. Não podemos modificar o destino dado por Ele a cada uma de suas obras. Não sofras com pensamentos antecipados; espera os fatos e cumpre sua missão. Tu és o líder de um povo que luta para sobreviver onde o Criador escreveu a nossa história de vida: nas montanhas, onde o desafio se faz maior. Cada coisa, meu guerreiro, vem no seu tempo certo. O Vale e as montanhas são irmãos, assim como todos nós, criaturas do Pai Criador, também somos irmãos, mas temos cada um seu destino a cumprir. Cada povo tem sua lei, seus costumes locais. Volta para a tua casa, cuida da tua família e do teu povo. Faz o melhor possível para te sentires bem com tua consciência. Tu podes chefiar tua tribo com muita sabedoria, e ser sábio, meu jovem guerreiro, é não desejar competir com a sabedoria divina, mas compreendê-la.

Dandar seguiu pela trilha que levava à sua morada. Acenou para o chefe e, com passos lentos mas firmes, desapareceu entre as árvores. Jardon voltou pensativo; não tinha entendido o que a sacerdotisa lhe falara. Pensava em Liza. Então ela tivera uma filha! Dandar nunca errava. Híria era um nome bonito, muito bonito. Como seria seu rostinho: se pareceria com Liza ou com o pai? Como eram recebidas as meninas no Vale? Com amor? Certamente, ela seria feliz.

Passou-se uma semana de espera, até que, em uma tarde, Liza apareceu na hora da Ave-Maria, orando para a Virgem Santa e agradecendo por tudo. Durante o tempo em que estivera recolhida em seu quarto, sentira falta daquela paisagem maravilhosa que eram as montanhas.

Rezava, e seu olhar perdia-se à distância. Se pudesse voar, iria até as montanhas mostrar sua filha a Jardon e dizer-lhe: "É sua também".

E a mãe grande... Como estaria a sua mãe grande? Agora que era mãe, perguntava-se: "Como minha mãe teve coragem de desprezar-me? Talvez odiasse meu pai e por isso também me odiou".

Lembrava-se do carinho que recebera de sua mãe das montanhas. Por que ela não podia mais rever sua mãe querida?

Falaria com Benn. Ele tinha contato com ela antes de seu casamento; o que impedia Liza de poder vê-la? Afinal de contas, era a mãe que ela tinha conhecido; era a mãe que ela amava.

Quantas saudades de sua casa, do cheiro das flores, dos dias de chuva em que escutava o vento às vezes cantando, outras vezes parecendo furioso.

A imagem de Thira lhe veio à mente; ela também amava Jardon e o tivera muito tempo em seus braços. Tivera mais sorte do que ela, que estivera apenas um dia em seus braços...

Thira também havia renunciado ao seu amor para entregar-se ao amor do Pai Maior. Ela precisava renunciar a esse amor que queimava em seu coração e entregar-se ao amor da filha e do marido.

Jardon já estava casado; será que ele a esquecera? Talvez já nem pensasse mais nela, a sua esposa deveria ser muito bonita. Tinham estado juntos apenas uma vez; os homens esqueciam-se de suas aventuras com rapidez; era só encontrar a verdadeira companheira. Ela ouvira isso da mãe grande.

Será que ela fora apenas uma aventura na vida dele? Dandar tinha dito que não, mas como ela poderia ter certeza? Seus pensamentos foram interrompidos com Sara chamando-a:

— Senhora, Híria acordou. Está na hora de sua mamada.

Com a filha nos braços e amamentando, começou a cantar uma canção que ouvia de sua mãe grande quando era pequenina. A canção da felicidade dizia assim:

Felicidade é ter em meus braços um ser tão pequenino,
Felicidade é tê-la junto do meu coração,
Felicidade é ver um sorriso em seu rostinho,
Felicidade é ser sua mãe,
Felicidade é amá-la para sempre.
Felicidade é amá-la para sempre...

Sara, ouvindo a canção entoada com tanto amor e carinho, sentiu os olhos se encherem de lágrimas e, chegando mais perto de Liza, disse:

— Eu não conhecia essa canção de ninar; é linda, e cantada pela senhora ficou mais bonita ainda!

Liza tinha os olhos rasos d'água.

— Ah, Sara! Minha mãe cantava essa canção quando eu era criança. Eu dormia sempre no seu colo ouvindo essa canção, e ela me levava adormecida para a cama. Agora sou mãe e sei quanto fui amada, e como deve estar sofrendo minha mãe. Sara, eu preciso vê-la. Não sei como vou fazer, mas necessito ver a minha mãe...

Repetiu a canção, enquanto Sara enxugava as lágrimas. Pobre menina, ela estava sofrendo. Aproximou-se da moça, passando a mão nos seus cabelos.

— Fique calma, você deu à luz há poucos dias, não deve se emocionar nem ficar nervosa. O seu leite pode fazer mal a Híria. Tenha paciência, Liza, o senhor Benn é um homem bom e generoso; tenho certeza de que ele vai entender a sua vontade em rever seus familiares. Não fique triste. Híria pode perceber sua tristeza e ficar doente. Vamos cantar com bastante alegria a canção de ninar, que foi feita só para essa princesa do Vale.

Liza sorriu, e começaram a cantar juntas a canção da felicidade.

Benn entrou no quarto e bateu palmas, dizendo:

— Liza, Sara, que bonita canção! Eu não conhecia essa cantiga de ninar.

— Essa canção minha mãe cantava enquanto eu dormia em seus braços; agora eu vou cantá-la para a nossa filha — respondeu Liza. Sara, sorrindo, pediu licença, deixando-os a sós.

Benn abraçou a esposa, que embalava a filha cantando baixinho. Esta adormeceu logo em seguida. Liza colocou-a no berço e voltou-se para o marido, que admirava, embevecido, a pequena Híria.

— Benn, eu preciso lhe fazer um pedido.

Este, tomando-lhe as mãos, apressou-se em responder:

— Peça, meu amor, lhe darei tudo o que você quiser. Peça-me: o que deseja?

— Benn, eu quero ver a minha mãe; eu preciso vê-la, Benn!

O rapaz levantou-se, estava pálido do susto, engasgou-se e começou a tossir, dando sinal para a esposa e saindo do quarto. Ela o seguiu, foram sentar-se na sala de estar; ele pegou um copo com vinho e tomou um gole, preocupado.

Ela o olhava, esperando uma resposta. Benn então disse:

— Liza, eu sempre soube que um dia você iria tocar neste assunto, só não pensei que fosse hoje. Eu te adoro, você me faz o homem mais feliz do mundo, me deu o tesouro mais cobiçado entre os homens: uma filha.

E prosseguiu falando:

— Foi difícil entrar em contato com o povo das montanhas, você bem sabe que nenhuma mulher pode descer das montanhas para o Vale, e vice-versa. Os homens vêm até a área demarcada, trazem os seus produtos e levam os nossos, fazendo apenas troca de mercadorias. Não sabemos nada da vida deles, nem eles da nossa, e você, que viveu lá, bem sabe que é impossível qualquer contato com eles. Fui alertado de que você era um caso especial: foi educada por sua mãe adotiva na condição de voltar para casa, ou seja, para o nosso Vale. Sua mãe me falou que você não fazia parte da vida em comum dos nativos das montanhas. Nosso acordo foi: que eu iria cuidar, zelar e protegê-la por toda a vida. Mas jamais voltaria a ter contato com qualquer membro de sua tribo, assim como jamais sua mãe adotiva procuraria por você. Infelizmente, Liza, sua vida passada nas montanhas deve ser esquecida e enterrada por você. Procure compreender a minha posição diante de tudo isso; sinto por você, mas essa é a pura verdade. Vi sua mãe adotiva apenas três vezes; o chefe de sua tribo permitiu que ela descesse até o Vale apenas para assegurar seu futuro, com a promessa de que jamais tornaríamos a nos ver.

Abraçando a esposa, que chorava baixinho, disse-lhe:

— Liza, meu amor, eu sinto muito não poder atender o seu pedido. Vou procurar recompensá-la por essa grande perda. Eu daria minha vida se pudesse atendê-la, mas infelizmente não posso.

Liza chorava abraçada ao marido.

— Oh, Benn! Sinto tantas saudades dela, daria tudo para vê-la novamente. Queria que ela soubesse que eu estou feliz, que eu tenho uma filha. Eu não posso esquecê-la, porque ela faz parte de minha vida, mas vou tentar guardá-la dentro do meu coração. Lá eu aprendi que não se morre, apenas mudamos de um lugar para outro. Tenho certeza de que a verei novamente em outra vida, em outros tempos. Perdoe-me, Benn, sei que você é um homem muito bom e generoso, o que faz por mim já é demais.

Ele se levantou. Estava transpirando e constrangido diante da situação.

— Deus é testemunha, Liza, de que tudo farei por você e nossa filhinha. Quero vê-la sorrir; enxugue as lágrimas, quero lhe mostrar algo que trouxe para você.

Nisto Sara entrou na sala com um chá doce. Liza bebeu uma xícara, sentia-se mais aliviada.

Benn a levou pela mão até o alpendre.

— Olha lá o que comprei para você, meu amor! Vamos até lá para você tocá-lo.

Lá estava um pônei branco, que veio em sua direção como se já a conhecesse. Ela acariciou o animalzinho, que, tranquilo, comeu em sua mão.

— Este é seu, Liza — disse Benn. — Eu tinha certeza de que você iria gostar. Logo ele terá uma companheira, já mandei domar uma fêmea da mesma linhagem para o nosso amiguinho. Você precisa dar-lhe um nome. Logo a companheira dele estará aqui e será o presente de Híria; você também terá que escolher um nome para ela.

Liza sorriu e abraçou o pônei.

— Deixe-me olhar para ele... Acho que já escolhi o seu nome! Vou chamá-lo de Dino, e sua amiguinha chamaremos de Dina.

Liza passou a tarde entretida em brincar com o animal, esquecendo-se das lágrimas derramadas pela saudade da mãe ausente.

Benn, vendo sua alegria cheia de inocência e sofrimento, imaginava: "Eu tive minha mãe até o fim, ela foi jogada à mercê da sorte pela verdadeira mãe e depois arrancada dos braços daquela que lhe encheu o coração de amor. Se pudesse, levaria ela até lá, ou traria sua mãe até aqui. Mas é impossível, o dinheiro nesse caso não serve para nada; pagaria qualquer preço para vê-la sorrir, mas a felicidade infelizmente não se compra.

Capítulo VI

No alto das montanhas...

Jardon envolveu-se plenamente com todas as tarefas de sua tribo e, empolgado com o que lhe disseram as pedras — que os mais velhos não veriam a morte por vinte e três anos —, implantou dois grupos de conselheiros. A ideia foi aprovada por unanimidade; os mais velhos reuniam-se diariamente com o segundo grupo, e logo todos eles estavam aptos a assumir as tarefas da tribo.

A prosperidade nas montanhas parecia cair do céu em abundância; a colheita superou os cinco anos anteriores, peixes e caça se multiplicaram e quase todas as mulheres estavam grávidas. A paz enchia os corações de todos.

Um dia, Jardon, voltando de suas atribulações diárias, encontrou Bir corada e feliz. Assim que o avistou, veio correndo e se atirou em seus braços rindo, gargalhando como uma criança.

— Jardon, tenho uma coisa para te falar! — gritou ela.

Ele ficou observando aquela garota loira de olhos azuis da cor do céu, os cabelos cacheados caindo até a cintura, na cor

| 101

dos raios do sol, as faces parecendo dois morangos maduros. Abraçou-a, suspendendo-a no ar.

— Que alegria é esta, minha pequena fada?

— Eu vou ser mãe, Jardon! Você vai ser pai! Teremos um filho ou uma filha!

Jardon ficou parado olhando para Bir. Senhor Maior dos Céus, eles teriam um filho, que alegria! Abraçou a esposa, carregando-a nos braços. Foi a melhor notícia que poderia receber. Respondeu ele beijando seu rosto. Ele teria o primeiro herdeiro; um filho era tudo o que ele sempre tinha sonhado.

Olhando para Bir, jurava para si mesmo: "Hei de fazê-la a mulher mais feliz do mundo. O Senhor Criador é perfeito e sábio em tudo o que faz; levou a minha alma para o Vale, mas em compensação me deu um anjo que me ajuda a levar a minha pesada pedra. Nunca vou deixá-la por nada nem por ninguém, jamais escolherei uma nova esposa, tenho a melhor entre todas elas". Sorrindo, observava Bir. Ela estava linda; sim, sua mulher era linda. Puxou-a para perto de si, abraçando-a com ternura.

— Bir, eu te amo. Você é a menina mais linda que nasceu nestas montanhas, e ainda por cima me ama. Sou o homem mais feliz do mundo por ter você como minha companheira.

Ela encheu-se de alegria; não cabia em si de contentamento. Então, Jardon esquecera a menina do Vale, pensava ela. Graças ao Criador que ele tinha conseguido. Ela já rezava por Liza todos os dias, e agora continuaria a encomendá-la ao Criador com muito mais fervor. "Oh, Senhor! Fazei com que ela também tenha se esquecido de Jardon e esteja amando seu marido." Quem sabe se isso já não estava acontecendo. Tomara que a menina do Vale estivesse feliz, desejava Bir com toda a sinceridade.

Logo a notícia correu entre o povo da tribo; comemoraram o grande acontecimento com muita alegria. Bir era a mulher mais invejada das montanhas; era casada com o guerreiro chefe e ainda por cima o homem mais bonito da tribo.

Os mais velhos começaram a se reunir diariamente; pareciam confabular coisas entre eles, comentou um dia o pai de Jardon.

O que estavam tramando? Só restava esperar.

Nas contas da nova parteira e futura mãe grande, Bir daria à luz dali a vinte dias, e com certeza seriam duas crianças. Ela já se movimentava com muita dificuldade; estava com uma barriga enorme.

Jardon estava muito preocupado; tentou falar com Dandar, mas esta lhe enviou um recado pelo seu pai: "Quem escreve é o Criador, nós simplesmente lemos e nem sempre compreendemos as suas mensagens". Ele animou-se: então Dandar já tinha visto as duas crianças.

Era um dia de verão, a tarde estava calma; os anciões, todos vestidos em suas roupas de gala, se apresentaram ao segundo grupo de conselheiros. Comunicavam que eles subiriam as montanhas, onde Dandar os aguardava para um magnífico evento preparado para eles. Todos pareciam ter remoçado vinte anos; sorriam, se abraçavam e brincavam com os mais jovens.

O avô de Jardon, com um olhar estranho, disse sorrindo:

— Não sei se fora dessas montanhas há um lugar melhor do que este. Isso aqui é um pedaço do céu, e nossos filhos são anjos, por isso vivemos no alto...

Os jovens membros da comunidade ficaram espantados; nunca antes houvera um encontro semelhante àquele. Ofereceram-se para acompanhá-los, no que foram imediatamente dispensados. Todos vestidos em trajes de festa deixavam transparecer uma felicidade geral. Abraçaram e beijaram todos os filhos da tribo com uma alegria fora do normal.

Foram consultados sobre quando pretendiam regressar à tribo. Eles responderam em coro e rindo:

— Assim que o Criador permitir.

O avô de Jardon o abraçou e, sorrindo, disse-lhe:

— Cuide bem da nossa tribo, meu neto amado, faça pelo seu povo o que lhe ensinamos. Seja forte e valente, guarde no seu coração tudo aquilo que você julgar precioso. O coração é o cofre da nossa alma e apenas nós temos a chave, tirando ou colocando as pessoas que amamos. Com a morte física, transportamos nosso cofre, e aí sim não precisamos mais fechá-lo.

Os olhos de Jardon se encheram de lágrimas. Por que seu avô estava falando aquilo? Parecia até saber do seu segredo.

Abraçou o ancião, que se afastou a passos lentos. Estava muito feliz; ele nunca tinha visto o velho guerreiro tão animado.

O sol já baixava sobre o Vale quando eles deixaram a tribo sorrindo. Os mais jovens não se preocuparam em contar que os mais velhos eram exatamente vinte e três membros...

Foi um burburinho só entre a tribo; o que fariam na montanha da sacerdotisa?

Algo muito importante estava para acontecer. Os comentários corriam de boca em boca.

Passaram-se dez dias desde a saída de todos os mais velhos da tribo. Era domingo; os homens retornavam do Vale com as mercadorias trocadas.

Os membros do segundo conselho, acompanhados pelo chefe da tribo, observavam e analisavam os produtos trazidos pelos guerreiros que eram coordenados pelo Moni. Tinham trazido muitas coisas boas e úteis do Vale. Cada vez mais, eles também se esforçavam para melhorar seus produtos, que seriam consumidos no Vale.

Nisto apareceu um guerreiro correndo e chamando a atenção deles.

— Olhem para o alto da montanha!

No alto da montanha mãe, levantava-se um arco-íris duplo nunca visto antes por eles, formando no topo das montanhas uma nuvem de fumaça branca que encobria por completo as três montanhas mães.

Todos pararam, sem entender nada. Dali a alguns minutos, toda a tribo estava olhando para o alto das três montanhas. O chefe da tribo pediu calma para seu povo; o espetáculo dos dois arcos-íris nunca fora visto antes por nenhum deles, era um fenômeno estranho.

Jardon sentiu um arrepio percorrendo todo o seu corpo. Ele tinha certeza de que aquele arco-íris estava ligado ao grupo dos velhos conselheiros de sua tribo.

Pediu ao povo que todos se recolhessem; o conselho iria se reunir e, assim que tivessem chegado a uma conclusão dos fatos, comunicariam a todos.

O pai de Jardon foi o primeiro a falar:

— Quando queimamos um corpo de um dos nossos, levanta-se a fumaça branca em direção ao céu e logo forma-se um pequeno arco-íris. Tenho medo de falar o que estou pensando.

Todos se entreolharam, concordando com ele.

— Diga, meu pai, o que está a pensar? — pediu Jardon.

— Bem, meu filho, pela quantidade de fumaça e os arcos-íris que se agrupam em torno da montanha, acredito que muitos corpos foram queimados.

Jardon empalideceu. Os mais velhos jamais veriam os mais novos morrerem... Não, Deus, não podia ser! Cobriu o rosto com as duas mãos. O conselho então decidiu: eles subiriam as montanhas até a casa de Dandar para se certificar do ocorrido.

Jardon levantou-se e disse:

— Também vou.

— Não, filho, você sabe que não deve ir. O lugar de um chefe é sempre com seu povo — falou o pai.

O guerreiro baixou a cabeça, pensativo. Sua vontade era sair correndo com os demais, mas se limitou a balançar a cabeça em sinal de consentimento.

VALE DOS AMORES | 105

Os conselheiros seguiram, e ele ficou a pensar: O que estaria acontecendo nas montanhas? Por que não tinham vindo buscar a ajuda dele? Só restava esperar.

Acalmou seu povo, pedindo que todos aguardassem a volta dos conselheiros. Assim que tivesse notícias, faria um comunicado geral. As montanhas estavam em silêncio absoluto; nem o vento movia as folhas ou assobiava como de costume.

Jardon estava impaciente. Olhava para o sol, já estava quase na hora do seu habitual compromisso. Chamou um dos seus guerreiros e pediu-lhe:

— Fique aqui. Caso os conselheiros apareçam, peça que me aguardem, não demoro.

Saiu a passos rápidos. Assim que alcançou o caminho, correu para que pudesse chegar a tempo. Esqueceu-se por alguns instantes de suas preocupações; apenas ficou sonhando com sua alma. Acompanhou os sinos do Vale e viu Liza com a filha nos braços. Uma tristeza inexplicável lhe invadia a alma; ele temia pelas notícias que seu pai pudesse lhe trazer...

Com os últimos raios de sol, retornou observando a fumaça, que ainda crescia para o céu.

Os conselheiros não haviam retornado. Jardon ficou aflito; algo muito sério tinha de fato acontecido. Tentava manter-se calmo e acalmar seu povo.

Já escurecia quando um dos guerreiros, tocando seu braço, apontou os conselheiros que estavam chegando. Jardon levantou-se, mãos à cintura, um olhar ansioso e a garganta seca.

Os homens estavam abatidos e cansados. Seu pai deu-lhe sinal de que fossem para o centro da comunidade, onde eram discutidos os problemas sérios da tribo.

Os homens sentados, sérios, pálidos e desanimados pareciam não ter pressa de falar. Um dos líderes então disse:

— Irmãos, ainda desconhecemos os motivos que levaram os mais velhos a fazerem o que fizeram. A verdade, Jardon, é que eles não existem mais, estão todos mortos. Aquela fumaça e os dois grandes arcos-íris que marcavam o céu eram seus espíritos viajando. Thira, a nova sacerdotisa, apenas ateou fogo; eles mesmos prepararam tudo antes de partirem. Foram para o alto da colina, escolheram suas madeiras favoritas, cada um preparou sua cama e, à noite, depois de festejarem com cantos, se abraçaram cheios de alegria e felicidade, deixando-nos uma bonita mensagem como despedida. Deitaram-se e cada um bebeu o vinho da erva sagrada; morreram em silêncio. Thira nos garantiu que todos eles estavam com um sorriso nos lábios. Ela seguiu as instruções pedidas por eles. Não temos mais nenhum velho em nossa tribo, Jardon. Vamos chorar os nossos mortos; mande avisar a todos que os vinte e três membros mais velhos de nossa tribo se foram para sempre de nossas vidas. Eles de fato não verão nossos jovens morrerem, esperarão por eles no alto das montanhas.

Nunca houve um tempo de tamanha tristeza nas montanhas como naquele dia. O pranto daquele povo se misturava ao vento, formando uma sinfonia triste.

Jardon chorava abraçado a Bir. Seu avô não estava mais ali com eles, agora habitava o alto das montanhas.

Por que tinham feito aquilo? Qual era a intenção deles? E agora, como ele iria conduzir seu povo se sentindo tão fraco e desprotegido?

Sua tristeza era tanta que nem foi ver sua alma; não tinha vontade de nada. Sua tribo estava de luto; todos choravam seus mortos ilustres e queridos.

No oitavo dia, a tribo estava em silêncio; todos calaram-se. Jardon já estava dando instruções aos seus guerreiros, afinal de contas, ele era o chefe e tinha que dar bom exemplo para sua comunidade.

Uma mulher aproximou-se, pedindo para falar-lhe.

— Chefe, sua esposa já está sendo atendida pela mãe grande e suas ajudantes. Ela manda avisar que chegou a hora. O senhor continue cuidando de suas tarefas; ela só volta a chamá-lo caso necessite de sua presença ou quando nascerem as crianças.

Jardon cambaleou. Fitou a mulher sem conseguir pronunciar uma só palavra. Um guerreiro pegou uma caneca com água, oferecendo-a a ele.

O guerreiro sentou-se e lembrou-se das palavras de Dandar sobre a morte. "Pai Criador, Bir é jovem, não pode morrer!" Andou para lá e para cá, impaciente. Pediu que um dos guerreiros procurasse notícias de sua esposa. Nada obteve. A lua brilhava entre as colinas quando uma mulher veio em silêncio pedindo a Jardon que fosse até sua casa.

Ele saiu correndo, ouviu choro de bebê e sorriu: "Graças ao Grande Pai!" Estava tudo bem. Tinham nascido seus filhos, e agora ele só queria ver felicidade no caminho deles.

Ao entrar na sua casa, as mulheres estavam com a cabeça coberta de branco. Jardon empalideceu... Chegando ao quarto, deitada sobre a cama, vestida de branco, os cabelos soltos, olhos fechados e muito pálida, estava Bir, com as mãos cruzadas sobre o peito. Ao seu lado, ajoelhadas, estavam sua mãe, a parteira e a sacerdotisa com o rosto coberto por um véu.

Bir estava morta. Uma mulher apresentou-lhe as duas crianças.

— São um menino e uma menina.

Ele alisou os cabelos de Bir, beijou seu rosto. Como poderia viver sem essa criatura que era tudo em sua vida? Saiu enxugando os olhos.

Correu sem rumo; ele queria morrer junto com ela. Nada agora lhe interessava. Sem Bir, sua vida não tinha mais nenhum sentido. O que ia fazer com dois filhos? Não, não, ele queria morrer!

Foi até o velho tronco de madeira, encostou-se no pé de mangueira e adormeceu. Começou a sonhar que Liza chegava até ele, abria os braços e sorria. Ele se agarrava a ela.

— Liza, meu amor, eu preciso tanto de você!

Sorrindo, ela dizia:

— Tenha calma, meu amor, você precisa viver e cuidar dos seus filhos. Eu vou estar sempre com você; mesmo separados pelo corpo, estamos unidos pelas nossas almas.

Atrás dela estava Dandar, muito bonita e feliz; agora era uma jovem. Abraçou Liza e ele ao mesmo tempo. Olhando para ele, Dandar disse:

— Liza, vamos contar a ele que vocês têm uma filha? Vamos contar que, quando você partiu das montanhas, levou no ventre uma semente: a filha de vocês?

Sem compreender as palavras de Dandar, ele olhava para duas moças que chegaram perto deles: uma era parecida com Liza, e a outra era Bir.

As duas sorriam felizes, entre abraços e sorrisos. Foi Bir quem falou:

— Jardon, esta é Berenice, minha irmã. Você não se lembra dela?

Berenice veio sorrindo de braços abertos. Ele acordou chorando:

— Berenice, minha filha!

Enxugou os olhos. Já estava escuro. Tudo parecia ter sido tão real. De repente ele viu uma luz que se levantava perto dele. Foi se levantando e transformou-se na moça bonita do sonho: era Dandar. Como se estivesse sonhando acordado, ele ficou parado, sem palavras.

— Jardon, levanta-te. Vai cuidar de tua missão, não seja tolo. Não houve suicídio coletivo entre nós, meu filho, fizemos a grande viagem juntos. Nós fomos avisados e nos preparamos para isso. Cuide de teus filhos como te pediu Liza. Tudo quanto tu viste é real. Até breve, meu filho, nós o amamos muito. — Ele ficou olhando e viu ela ir se fechando como se fosse a montanha, até que desapareceu.

Levantou-se, saiu andando devagar e pensando no que tinha visto. Chegando ao centro da comunidade, seu pai estava providenciando tudo, conforme exigia o ritual.

Os conselheiros lhe consultaram se desejava escolher já uma nova esposa. Ele respondeu:

— Jamais vou querer outra esposa. Bir foi e será minha única esposa.

Após a cerimônia, com todos os rituais que exigiam os costumes, Jardon reuniu seu povo e orientou a todos que a vida deveria continuar e que as leis do céu não davam direito para ninguém modificar as leis da terra.

Capítulo VII

Assim a vida de sua tribo continuou com a luta pela vida. Jardon dedicava-se aos seus filhos. Pensou muito antes de decidir qual nome daria a sua filha. Ele queria chamá-la de Liza, mas aquela moça do seu sonho chamada Berenice parecia com sua filha; optou por chamá-la de Berenice, e seu filho seria Tor, em memória ao seu avô.

Todos os dias, ele ia até o alto da montanha ver Liza e sua filha, que já estava crescida. De longe, se esforçava para distinguir seus traços. Um dia, o sol clareou tanto em sua direção que deu para ele ver que os cabelos da garota eram claros e cacheados. Pena não poder ver a cor dos seus olhos, o seu rostinho, o seu sorriso...

Trabalhava arduamente. Era o homem mais cobiçado do alto das montanhas; forte e bonito, chamava a atenção das candidatas ao casamento. Quando interrogado sobre se não desejava encontrar uma nova companheira para ajudá-lo em suas tarefas de pai, ele respondia:

— O coração é o cofre da alma; o meu já está preenchido.

Com o Moni, que era seu sogro, aprendeu a controlar todos os gastos e a fazer as previsões das necessidades de sua tribo.

Aos poucos foi desenvolvendo programas de trabalho que superaram o de todos os Monis que sua tribo já conhecera. Lia e escrevia com perfeição.

Respeitava as leis do seu povo, mas discordava de alguns pontos: Por que as outras pessoas de sua tribo não tinham o direito de aprender a ler e escrever? Vivia se questionando sobre isso diariamente.

Um dia, ele convocou o conselho local — agora ele o chamava de "Os Mais Velhos" — e fez a seguinte consulta: Será que era contra as leis deles adquirirem alguns materiais de instrução? Os últimos que o Moni adquirira tinham sido exatamente com o povo do Vale muitos anos atrás.

Os membros então perguntaram o que ele tinha em mente.

— Começar a ensinar a nossa gente a ler e escrever; não podemos ter privilégios entre nós. Todos devem gozar do mesmo direito: evoluir — respondeu ele.

O conselho pediu um tempo para discutir o assunto antes de cada um dar sua opinião. Jardon saiu, foi andar um pouco; sempre que podia ele fazia isso: ia até a mangueira onde sonhara com Liza e vira Dandar tão jovem e bonita. Naquele dia ele estava cansado, fora uma ilusão, só podia ter sido isso, dizia a si mesmo.

Tinha a esperança de tornar a sonhar com ela, pelo menos em sonho, pedia ele ao Pai Criador, queria vê-la, abraçá-la. Chegou a dormir algumas vezes, mas acordou triste, porque nada viu, nada sonhou.

Acordava muitas vezes à noite naquele local, que, para ele, era sagrado, e via apenas o brilho das estrelas no céu, o canto dos grilos e o burburinho do vento balançando as folhas das árvores.

Nas noites de lua cheia, chegou a ver onças-pintadas andando com seus filhotes tranquilamente, procurando comida. Ouvia os lobos uivando no alto das montanhas e ficava imaginando como seria a vida de Thira, sozinha, cercada de solidão e animais ferozes.

Ele tinha os seus filhos, o seu povo, o seu trabalho. E Thira? Tão jovem e tão bonita, isolada de tudo e de todos. Tinha por companhia os espíritos de seus antepassados. Seria feliz? Lembrou-se da última vez em que tinham estado juntos.

De repente, sem poder controlar as lágrimas que desciam pelo rosto, pensava em Bir, sentia muita falta dela. E pensava consigo mesmo: "Apesar de a minha alma ser aquela que está no Vale, eu daria minha vida para ter Bir ao meu lado. Se pudesse tê-la de volta, eu renunciaria até mesmo ir ao topo da montanha mãe para ver aquela que levou meu coração para o Vale..."

Os mais velhos aceitaram o pedido do chefe. Não viam inconvenientes nem falta de respeito em que os membros da tribo aprendessem a ler e escrever.

Jardon ficou entusiasmado; ele mesmo separou algumas peles de primeira para trocarem por livros e outros materiais educativos.

Calçados e jaquetas de couro, utensílios de montaria, arcos e flechas, punhais e facas de pedra, canecas, panelas dos mais diversos materiais, feitos pelos homens da tribo, seriam levados ao Vale para serem trocados por açúcar, sal, farinha, doces, ferramentas, sementes, panelas, linhas, agulhas, tintas, querosene, velas, fardos de algodão, tecidos etc.

Jardon recomendou aos guerreiros que ficassem três dias negociando na área que lhes cabia, nem um passo adiante para o Vale, e nem um dos filhos do Vale adiante para as montanhas.

Os guerreiros desceram as montanhas com as mulas carregadas de mercadorias diversas; eles não usavam dinheiro, sabiam de sua existência, mas não conheciam seu valor.

VALE DOS AMORES | 113

Os guerreiros negociavam os produtos com muita cautela; jamais entravam no prejuízo. Estudavam todos os produtos oferecidos e mostravam os seus, que eram de excelente qualidade.

Havia um acordo entre o povo do Vale e o líder das montanhas de que todos os produtos do Vale seriam apresentados ao povo das montanhas com a fiscalização do município, segundo a qual os preços seriam os mesmos praticados no comércio local.

Por sua vez, o povo das montanhas mantinha seus produtos dentro dos padrões já conhecidos: a qualidade e o valor eram sempre praticados com justiça.

Jardon aguardava com ansiedade a volta dos comerciantes; entre eles, não havia desonestidade. Tudo era dividido em igualdade, todos participavam, colaboravam com boa vontade, cada um deles cumprindo suas tarefas.

Com o retorno dos comerciantes das montanhas, iria começar uma nova vida para aquele povo. Foi uma explosão de alegria, especialmente por parte dos jovens. Eles sonhavam com novos caminhos para o futuro.

Com a chegada dos negociantes, os materiais de instrução foram entregues na mão do chefe. Jardon analisava cada livro a ser aberto e explicado para eles; dentre esses livros, encontrou um muito interessante (a Bíblia), que falava do Messias entre os homens e que o mundo mudou com a vinda dele para a Terra.

Falava também de pastores das montanhas e de profetas, reis e rainhas, cidades e civilizações que ele jamais imaginou existir, e mencionava ainda o espírito. Ele ficou muito confuso, mas lia e relia, procurando explicações para suas dúvidas.

Por enquanto não passava para o povo o que estava lendo naquele livro; apenas com seu pai discutia alguns assuntos. Era muito bom saber que existiam outras pessoas com culturas diferentes da sua, mas tendo o mesmo sentimento: amor, fé e esperança.

Com muito orgulho, ele acompanhava o crescimento dos seus filhos. Berenice surpreendia os demais com suas perguntas. Era inteligente e astuta. Fazia mil perguntas para o pai. Um dia ela lhe perguntou:

— Meu pai, por que não podemos ir até o Vale? O mundo todo não é do Criador? Se Ele é nosso Pai, devia deixar a gente ir lá e o povo de lá vir até aqui! Pelos seus ensinamentos, nós todos somos irmãos! Eu sonhei com uma moça do Vale. Ela era muito bonita; só os cabelos eram diferentes do meu, os olhos também. Ela me abraçou e me beijou; falou que se chamava Liza e que amava você.

Jardon ficou mudo. Será que andava falando durante o sono e a pequena tinha escutado?

— Berenice, isso foi sonho ou você ouviu o sonho de alguém?

— Eu juro, papai, foi meu sonho. Agora eu lembro que ela mostrava um lindo colar e dizia que era seu.

Jardon empalideceu. Abraçou a filha e pediu:

— Não comente com ninguém o que você sonhar. Conte apenas para mim, combinado?

Ela, se sentindo muito importante, respondeu:

— Prometo, papai.

Tor acompanhava o avô por todos os lados. Era calmo e muito quieto, parecido com a mãe. Às vezes, olhando para ele, Jardon tinha a impressão de que estava vendo os olhos de Bir nos olhos de seu filho Tor.

Capítulo VIII

No Vale tudo corria bem. Híria crescia linda, forte e feliz. Seu pai orgulhava-se dela. Liza observava que ele tratava os assuntos das montanhas com muito carinho; comprava os livros usados pelas crianças do Vale e os doava para o povo das montanhas. Fazia isso em segredo, porém Liza, sem querer, ficou sabendo.

Híria, um dia, chegando perto do pai, perguntou:

— Paizinho, por que o povo das montanhas não pode entrar no Vale, e por que nós não podemos ir até lá? Eu fico pensando que é uma bobagem; usamos o que eles fazem e eles usam o que nós fazemos. O senhor poderia convidá-los para conhecerem o Vale, e eles poderiam nos convidar para subir as montanhas! Eu queria ir lá. E você, mamãe, quer ir também, não é mesmo?

Liza ficou pálida; tentou sorrir, e Benn tossiu. Ele, quando ficava nervoso, tinha acesso de tosse.

— Híria, você está ficando uma mocinha mesmo — brincou Benn, suspendendo-a nos braços. — Filha, existem algumas coisas na vida que não podemos mudar. Por exemplo: eu não posso mudar os costumes de um povo! Eles são felizes lá nas montanhas, nós somos felizes aqui no Vale. Talvez, se acontecesse isso que você pensou, iríamos começar a brigar tanto com eles que acho que seríamos infelizes. Assim nos ajudamos uns aos outros, trocamos nossos produtos e mantemos a paz. O Vale é nosso, as montanhas são deles, e tudo é de Deus, lembre-se sempre disso.

Híria ficou séria e respondeu:

— Está bem, papai, vou sempre me lembrar disso. Mas eu gosto das montanhas. Todos os dias a minha mãe reza olhando para elas, e outro dia, enquanto ela rezava, eu fiquei rezando de olhos abertos e vi uma coisa que não contei para ninguém!

Liza ajoelhou-se diante da filha.

— O que você viu, Híria? — perguntou a mãe, preocupada.

— A montanha se mexendo. Eu juro que é verdade! Eu vi.

Liza abraçou a filha, beijando seu rosto e dizendo:

— Está na hora de você tomar um banho, trocar de roupa e dormir um pouco.

Ela saiu beijando o pai e acenando. Liza olhou para Benn, e este, ainda preocupado, comentou:

— Liza, será que alguém andou falando alguma bobagem para Híria? Você sabe como ela é esperta. Precisamos tomar cuidado com as amizades dela. Eu não quero que perturbem a cabecinha dela.

Liza respondeu:

— Benn, mais cedo ou mais tarde ela vai conhecer toda a verdade. Como vou negar minhas origens? Ela mesma já percebeu que é diferente das outras meninas. Todas as meninas têm cabelos negros e lisos, olhos escuros, e ela tem olhos verdes e cabelos encaracolados da cor do mel.

Benn ficou pensativo.

— Tem razão, Liza, nós vamos contar para ela a verdade sobre você. Jamais lhe fiz perguntas sobre sua vida nas montanhas, e você nunca me contou nada. Tenha cuidado e paciência com todas as perguntas que ela vai lhe fazer.

Era um domingo, e Liza e Benn estavam sentados no alpendre. Chamaram Híria, que veio correndo. Estava corada, os olhos pareciam duas esmeraldas polidas. O pai ficou olhando-a, embevecido com a beleza da filha.

— Híria, sente-se aqui entre nós — falou Benn. — Temos uma coisa muito séria para falar com você.

— O que é, papai? Estou com medo.

Ele abraçou a garota, acariciando os cachos dos seus cabelos, que caíam até a cintura. Foi Liza quem começou a falar:

— Híria, você nos falou das montanhas, e acho que chegou a hora de lhe contar a verdade. Você acredita que sua mãe já morou nas montanhas?

— Não, não acredito — disse Híria. — Ninguém pode ir até lá! Como a senhora morou lá?

— É uma história difícil de contar. Preste atenção que eu vou contar tudo para você.

Quando terminou de narrar sua história, Híria estava séria, mas ao mesmo tempo feliz e orgulhosa.

— Então é por isso que a senhora reza olhando para as montanhas?

— Sim, é por isso. Você também entendeu que a mamãe nunca mais pode ir até lá?

— É uma pena. Se você fosse lá, eu iria junto — respondeu a garota.

Benn recomendou a Híria que não comentasse com ninguém o que acabara de ouvir. Ela prometeu, balançando as pernas inquietas, e, olhando para a mãe, pediu:

— Posso lhe perguntar uma coisa, mamãe?

— Claro que pode, filha.

— Por que você não procurou sua mãe aqui no Vale? A senhora poderia ter encontrado sua mãe. Quem sabe se não é a Sara! Ela gosta tanto da senhora, vive chamando-a de filha.

Liza riu e disse:

— Minha mãe ficou nas montanhas. Agora deve estar no céu. Algum tempo atrás, quando você ainda era quase um bebê, eu sonhei que ela estava aqui em nossa casa. Tive certeza de que ela morreu, pois acordei e ainda vi uma luz saindo do quarto. Aqui no Vale eu tenho um grande amor: você, Híria.

— E o papai não é também seu amor, mamãe?

— Sim, ele é o nosso amor. Devemos nossa felicidade a ele.

— E lá nas montanhas, quem mais a senhora amou além da sua mãe que morreu?

Liza estremeceu. O que responder para Híria?

Foi Benn quem rapidamente falou:

— Híria, sua mãe não conhecia ninguém a não ser a mãe dela e os animais, então ela só amou os bichinhos, as flores e a mãe que morreu. Agora vamos parar de fazer perguntas para a mamãe, para você me contar como vai a escola.

Rapidamente Híria esqueceu o assunto. Liza pensava: "Quem mais eu amei nas montanhas? Jardon... Dandar... Thira... Quantas saudades! Daria tudo para vê-los".

Tomara que sua filha não começasse a lhe fazer perguntas sobre sua vida nas montanhas; ela seria obrigada a mexer nas lembranças que tentava esquecer.

Lembrava-se dos seus sonhos com Jardon: andava com ele de mãos dadas, beijavam-se, faziam juras de amor. Acordava rindo, feliz. Um dia Benn lhe perguntou com quem estava sonhando, pois sorria e gargalhava numa felicidade que ele mesmo nunca vira.

Ela tinha corado e respondido:

— Sonhava que era criança e estava brincando com um carneirinho que minha mãe me deu de presente.

Ficava com medo, quando acordava rindo, de ter falado o nome de Jardon.

Híria estava com nove anos, e um dia desabafou com Sara:
— Acho que minha mãe é infeliz; eu morreria se ficasse longe dela. Sara, você não sabe quem é a mãe da minha mãe?
— Oh, minha pequena! Eu não sei quem é, juro que não sei. — A sós, Sara pensava em voz alta: — Eu sei, sim, quem é a mãe de Liza. Ela também sabe que Liza é sua filha. Não sei como pode olhar para a filha, apertar sua mão e fingir que nada sabe. Será que não sente nada mesmo? Deus, quanta falsidade!

Benn estava atrás dela:
— Falando sozinha, Sara? — Ela assustou-se.
— Ah! Senhor Benn, que susto. Não posso ver coisas fora do lugar que fico xingando mesmo! Veja estas xícaras onde estão!

Naquele instante, chegava Híria com um cartão na mão.
— Papai, papai, a senhora Lívia nos convida para almoçar na casa dela no próximo domingo. Eu não quero ir; vão você e a mamãe, eu fico com Sara e juro que me comporto.
— Por que você nunca quer ir na casa de dona Lívia? — perguntou o pai.
— Eu não gosto dela! Ela fica toda hora olhando para a minha mãe e para mim com um jeito esquisito.
— Está bem, você fica com Sara; lá não tem crianças para brincar.

Sara olhou orgulhosa para Híria; aquela menina via além da alma. Ah, se ela soubesse o que Lívia tinha feito a sua mãe...

Qualquer dia ela iria ter uma conversa em particular com aquela orgulhosa dama da sociedade. Iria perguntar-lhe se os olhos de Híria não mexiam com suas lembranças. Como se sentia quando apertava a mão de Liza, será que ela dormia em paz? Que castigo, Deus! Ela não morreria levando esse segredo. Não sabia quando, mas um dia contaria tudo a Liza. Pobre Liza; convivia com a mãe sem desconfiar de nada.

Capítulo IX

Nas montanhas houve uma grande reforma. Não tinha mais analfabetos, e existia uma biblioteca local. Jardon, com um grupo de jovens alfabetizados, analisavam todos os livros vindos do Vale e, antes de incorporá-los à lista disponível aos leitores, faziam uma avaliação.

Ler era o maior divertimento dos jovens de sua tribo. Alguns já falavam outras línguas, aprendidas por meio dos livros. Muita coisa tinha mudado entre o povo das montanhas.

No alto da montanha, Jardon observava Liza com sua filha. Estava uma moça. Ele fazia as contas, ela já devia estar com mais de quinze anos. Sorria vendo as duas abraçadas; que sonho estranho tivera aquele dia! Tinha sonhado que a filha de Liza era dele... Sonho era apenas sonho, mas a mocinha que ele vira abraçada a Bir parecia tão real! Berenice, esse era o seu nome.

Pensava nos seus filhos, especialmente em Berenice, que era sua maior companheira. Nunca mais desejou casar-se;

agora ele podia amar Liza livremente em seus sonhos, em seus pensamentos.

Berenice estava uma mocinha. Lia e escrevia com desenvoltura, vivia com um livro debaixo do braço e reclamava quando demoravam a vir novos livros do Vale.

Chovia demais nas montanhas; há anos não caía tanta água do céu! Era o comentário geral. Jardon ficou preocupado: como ficaria a situação do Vale com tanta água descendo montanha abaixo?

O rio que atravessava o Vale estava explodindo de um lado a outro, observou Jardon. Liza continuava todos os dias fazendo sua devoção; mesmo chovendo, ela estava lá.

Os comerciantes estavam preocupados em descerem as montanhas, mas as necessidades da tribo eram maiores que a preocupação deles. Berenice correu para o pai, alegando que completaria quinze anos e que queria de presente livros e cadernos.

Jardon concordou. Recomendou aos negociantes que trouxessem muitos livros, lápis e cadernos para sua tribo. Berenice ficou contentíssima; não via a hora de eles retornarem, trazendo os livros.

Tor era um rapazinho observador, muito estudioso e preocupado. Ele se interessava por todos os livros que falavam de política. Nos últimos tempos, Jardon observava que o filho andava distraído; parecia estar pensando longe.

Um dia, sentado com ele, observavam um filhote de leopardo que fora encontrado sozinho; por certo tinha se perdido do grupo. Eles amamentaram o animal, e Jardon comentou:

— Falarei com o pessoal para tentar levá-lo ao convívio dos seus.

Tor, olhando sério para o pai, perguntou:

— O senhor acha que todas as espécimes idênticas devem ficar juntas?

— Claro, filho, esse bichinho está se sentindo só entre nós. Por mais que cuidemos bem dele, não é seu ambiente.

Precisamos devolvê-lo à sua comunidade, para que ele possa crescer saudável e feliz.

— Então, meu pai, eu estou certo em meus pensamentos!

— Que pensamentos, Tor?

— Como homens que pregam o amor, o respeito e a união, vocês erraram muito quando devolveram ao Vale aquela moça chamada Liza. Ela é um ser humano, é da nossa espécime, tem os mesmos sentimentos que nós, e vocês não lhe deram o direito de escolha, não lhe deram liberdade. Ela se criou dentro de um preconceito gerado pela nossa tribo. E aqui pregamos e falamos de um amor e de um respeito ao próximo que não se aplicam, na verdade. Fizeram com essa moça a mesma coisa que estamos acostumados a fazer com os animais. Encontramos eles perdidos por algum motivo, indefesos e fracos, os alimentamos e depois os empurramos de volta; não queremos aborrecimentos! Andei estudando a nossa posição e comportamento. Cheguei à conclusão, meu pai, de que precisamos mudar muita coisa em nossa vida. Eu não me sinto feliz em viver isolado e separado de pessoas idênticas a mim. Gostaria de frequentar a escola com outros garotos; gostaria de atravessar o Vale e seguir adiante para qualquer outro lugar, tendo a liberdade de regressar às montanhas como um cidadão livre. Quero fazer amigos, visitá-los e recebê-los em nossa casa, trocar ideias, conhecer o mundo, pessoas, culturas, crenças. Quero ver gente de pele, cabelos e olhos diferente dos meus! Não fique triste, meu pai, com o que vou lhe dizer; assim que completar minha maioridade, vou sair das montanhas. Vou correr o mundo e voltar para ajudar o meu povo. Não podemos viver longe de tudo e todos acreditando apenas que os nossos mortos estão acima de nós a nos proteger. Quando morremos na matéria, ganhamos a liberdade. Vamos aonde desejamos, tenho certeza disso. Mas andei pensando e cheguei à seguinte conclusão: Por que vou esperar a morte se posso fazer isso vivo? Sou muito jovem ainda, tenho muitos sonhos para nós, filhos das montanhas. Quero ver minha irmã feliz, quero vê-lo feliz, pai.

Jardon ouvia seu filho falar e um tremor lhe sacudia os músculos do coração. Como homem, sentiu um orgulho muito grande do filho, mas, como chefe de uma tribo que mantinha sua tradição, não poderia apoiá-lo em suas ideias.

"Onde ele ouviu a história de Liza?", pensava Jardon. Tudo o que ele falava no fundo tinha sentido; quando jovem, também tivera algumas ideias parecidas, mas logo desistira de sonhar.

— Tor, meu filho — falou Jardon —, você me deixou confuso e preocupado com os seus pensamentos. Quem andou lhe contando coisas a respeito da moça do Vale?

— Meu avô, o Moni e seu próprio pai — respondeu Tor.

— Filho — continuou Jardon —, quando nós somos jovens, temos muitos sonhos, mas logo chega a maturidade e caímos na realidade. Procure brincar mais um pouco com seus amigos, aprenda nossa arte e deixe um pouco esses livros de política de lado.

— Política, meu pai? Chama de política o direito das pessoas? Eu estou bem certo do que penso; amo o senhor e minha gente, mas nada vai me impedir de sair daqui.

Jardon ficou aborrecido com o filho e, pela primeira vez, gritou com ele:

— Se você continuar falando essas besteiras por aí, ficará de castigo dentro de casa! Está proibido de ler esses livros até esquecer essas tolices.

Saiu preocupado, deixando o garoto sentado no mesmo lugar. Tor observava o pai e pensava: "Eu preciso ajudá-lo; vou fingir que esqueci nossa conversa. Vou pegar firme na confecção das botas e praticar um pouco mais a arte da caça, assim ele ficará sossegado". Com os olhos perdidos na imensidão do céu, continuou a pensar: "Quando chegar ao Vale, vou procurar por Liza. Vou lhe pedir desculpas pela ignorância do meu povo e solicitarei ajuda para ir além do Vale.

Quero caminhar, andar, ver gente, conversar, trocar ideias com outros homens".

Os negociantes que tinham ido ao Vale se aproximavam. Berenice estava tão ansiosa que não esperou em casa como de costume; foi até o centro comunitário, torcendo as mãos e olhando para o caminho pelo qual chegavam as mulas carregadas.

O chefe da expedição riu para ela e brincou:

— Temos uma surpresa para você! Trouxemos tantos livros que você vai ficar velhinha e de cabelos brancos ainda lendo.

Assim que descarregaram os animais, o conselho, reunido ao lado do chefe e de toda a tribo, admirava as novas mercadorias. Dois sacos grandes com dezenas de livros, cadernos, lápis e borrachas foram despejados no centro da pedra. Berenice não piscava os olhos, e Tor olhava em silêncio para aquela fortuna.

— Todos os materiais escolares foram doados pelo mesmo senhor — disse um dos líderes das montanhas. — Segundo o representante do Vale, esses livros já foram usados por crianças, jovens e adultos, embora estejam praticamente novos, e ele quis presentear o nosso povo. Não achei nenhum inconveniente em aceitar.

Verificaram se não havia nada mais dentro dos livros; estava tudo em ordem. Jardon então falou, olhando em direção a Berenice e Tor, que baixou os olhos.

— Assim que eu mesmo der uma olhada nestes livros, libero para vocês lerem.

Uma semana depois, houve uma festa grande nas montanhas. Era o aniversário de Tor e Berenice, e o batizado de algumas crianças nascidas naquele ano.

Berenice ganhou vários livros de presente; seu pai examinou um por um antes de entregá-los. Berenice estava envolvida na leitura de tal forma, que chegava a se esquecer de suas tarefas.

Tor desaparecia com um livro debaixo do braço, e Jardon chegou a pensar se fora mesmo bom ensinar aquele povo a ler e escrever; agora eles discutiam assuntos gerais entre si com tamanha certeza que chegava a assustar.

Uma tarde, Jardon voltou das montanhas, aonde ia religiosamente todos os dias para olhar Liza de longe. Berenice estava esperando por ele com um livro na mão.

— Pai, veja o que eu encontrei! Não entendi nada. Uma das folhas do livro estava colada; puxei devagar e olha o que está escrito!

Jardon sentou-se ao lado de Berenice.

— Deixe-me ver. — Ficou pálido e o sangue lhe fugiu do rosto. Sentiu uma forte pressão na cabeça diante do que acabara de ler. Berenice repetia em voz alta:

— "Meu nome é Híria, tenho onze anos e sou filha de Liza e Benn. Sou muito feliz aqui no Vale; meus pais são uns amores. Tenho um grande sonho: conhecer o povo das montanhas!" Não é estranho, meu pai?

— Berenice, arranque esta folha! Preciso verificar melhor estes livros antes de lhes entregar.

Berenice saiu e ele ficou olhando aquele escrito. Então ela tinha onze anos quando escrevera.

A garota sabia que Liza vivera nas montanhas; fez as contas mentalmente. Híria completaria dezesseis anos; estava uma moça.

Saiu para caminhar um pouco; foi até o tronco da velha mangueira. Lia e relia o bilhete de Híria, pensando no que havia lhe contado Dandar em seu sonho.

Berenice era muito inteligente; não iria esquecer aquele bilhete. O que ele poderia dizer-lhe?

Híria se referia a Benn como pai; então esse era o nome do esposo de Liza. Eles eram uma família feliz. Sentiu um aperto no coração; se pudesse conhecer Híria, se pudesse rever Liza...

Capítulo X

A temperatura no Vale àquela época do ano era morna. Na primavera, o Vale com certeza daria um cenário cinematográfico; a sua beleza era indescritível. Muitas flores, borboletas e pássaros completavam o encanto daquele lugar mágico.

Híria estava inquieta; era uma filha obediente e entendia que seus pais apenas zelavam por sua segurança. Era uma moça bonita e prendada, diferente de todas as garotas do Vale. Muitas vezes, chorava quando as meninas faziam brincadeiras com ela. Chamavam Híria de cigana ou de montanhesa.

Aos poucos, ela foi compreendendo que o que incomodava as outras garotas era sua beleza. Começou a tirar vantagens de sua aparência; vestia-se com cores que lhe realçavam a cor dos olhos e dos cabelos. Na escola, era tida como uma deusa, e as outras meninas começaram a respeitá-la.

Ainda não tinha encontrado em nenhum dos rapazes algum que lhe interessasse; sonhava em sair do Vale e conhecer outras pessoas, outros lugares, apesar de saber ser um pouco difícil.

Andava para lá e para cá, entrava e saía de casa, ia até o portão de entrada, andava pelo jardim. Sua mãe, vendo a inquietação da moça, decidiu que a deixaria ir até a fonte de que tanto gostava; não havia nenhum perigo.

Híria estava com o colar da mãe no pescoço; tinha fascinação por ele. As pedras bem polidas e brilhantes, incrustadas no cordão de ouro, davam-lhe um acabamento especial.

Sua mãe chamou-a, permitindo que saísse um pouco. Híria começou a falar das montanhas e notou que a mãe ficou nervosa. Beijou-a e saiu quase correndo, com medo de que ela mudasse de ideia. Antes de passar pelo portão de entrada, gritou para a mãe, que estava na soleira da porta:

— Fique tranquila, volto logo. Só vou até a fonte, daqui a pouco estou de volta.

Saiu cantarolando, brincando com as borboletas coloridas que ficavam pousadas nas poças d'água da estrada. Chegou à fonte, ali era seu refúgio. Um lugar calmo, perfumado e habitado por lindos pássaros coloridos, que vinham e voltavam em direção às montanhas.

Híria estava maravilhada. O cheiro da terra molhada lhe causava uma grande sensação de prazer. Arrancou o tamanco dos pés, pisando na terra úmida com alegria.

Foi até a beira do rio, viu muitos peixinhos brincando nas margens. Olhou para o alto das montanhas, o sol brilhava. Ela foi andando até a fonte, mas de repente sentiu vontade de seguir adiante.

Andou por mais ou menos uma hora. Tudo era tão bonito que se esqueceu do tempo. Chegou à barreira que fazia a delimitação entre o Vale e as montanhas. Viu em seguida uma cerca de arame farpado e pedras com um enorme cadeado estranho. Ali não passava um gato, pensou Híria. Como sua mãe tinha passado por ali ainda um bebê?

Olhou para o outro lado da montanha. Havia apenas uma trilha sobre as pedras; era a saída para o povo das montanhas. Híria nunca tinha ido lá, pois era proibido; apenas os negociantes se aproximavam daquela área. Ela sabia que os homens, antes de subirem as montanhas, já deixavam marcado um novo encontro, não havendo mais comunicação alguma entre eles.

Uma placa enorme continha a seguinte legenda: "Entrada proibida".

Híria ficou como se estivesse hipnotizada. Olhava para a placa e, além dela, os beija-flores sobrevoavam alegremente de um lado para o outro, sem se importar com a placa. Por que ela não poderia fazer o mesmo?, pensou Híria.

Claro que era impossível alguém entrar ali. Como sua mãe tinha ido parar nas montanhas? Com certeza, alguém facilitara sua entrada.

Ficou analisando e chegou à seguinte conclusão: alguém trouxera a criança e a entregara nas mãos de outro alguém que tinha a chave do portão. Seria o pai da criança? Quem seria seu avô das montanhas? E quem seria sua avó do Vale?

Perdida em pensamentos, ouviu alguém chamando-a. Virou-se assustada, e uma moça de olhos verdes e cabelos cor de fogo sorria para ela.

— Desculpe-me, Híria. Não queria assustá-la. Vi que você estava aqui sozinha e resolvi lhe fazer companhia.

— Quem é você? E como sabe meu nome? — perguntou Híria.

Estirando uma mão alva e bem cuidada, Híria notou que a moça usava um anel com uma pedra vermelha que cintilava em seu dedo.

— Meu nome é Dandar e conheci sua mãe quando morava nas montanhas. Depois fiquei sabendo que ela teve uma filha e deu-lhe o nome de Híria. Foi fácil reconhecê-la; as moças do Vale são todas de pele morena e olhos negros, e você puxou mais para o nosso lado.

Sentou-se numa pedra, convidando Híria a sentar-se ao seu lado. Tocou o colar que estava no pescoço de Híria e disse:

— Esse colar pertenceu a um jovem guerreiro que hoje é o chefe da tribo. Ele presenteou Liza antes de ela deixar as montanhas.

Híria estava encantada com aquela moça. Como ela sabia tudo aquilo sobre sua mãe?

— Então minha mãe conheceu o povo de lá? — perguntou Híria.

— Nem todos. Ela conheceu a mãe que a amparou, eu, Thira e Jardon.

— Você foi amiga de infância de minha mãe, Dandar?

— Digamos que sim. Fui e continuo sendo muito amiga de sua mãe.

— Por onde você passou, Dandar, se tudo ali está trancado? Eu não a vi sair das montanhas.

— São segredos, Híria. Eu sei, por exemplo, que você está aqui desobedecendo a sua mãe; seu pai a proibiu de sair de casa. Ele a ama, por isso teme que algo de ruim possa lhe acontecer.

Conversaram por muito tempo. Híria disse a Dandar que gostaria de acompanhá-la. Com muito custo, Dandar convenceu Híria a voltar, prometendo vir ao seu encontro dali a três dias, e dizendo que toda a conversa entre elas deveria ser mantida em segredo; nem mesmo para Liza ela deveria contar.

Híria despediu-se e começou a descer a trilha. Assim que se encobriu, parou uns minutos e retornou; chegando lá, não viu nem sinal de Dandar.

Híria pegou o colar e ficou distraída mexendo nas pedras. Sem saber o porquê, ao tocar em determinada pedra, o grande cadeado se abriu, como se alguém o estivesse puxando, abrindo o grande e pesado portão. Ela atravessou o portão, e este se fechou atrás dela.

Ainda agarrada ao colar, foi andando. Parecia que não andava, mas sim voava; logo estava num lugar lindo no alto de uma montanha. Maravilhada, parecia estar sonhando. Nunca vira lugar tão belo quanto aquele.

Ficou parada, olhando para um lado e para o outro. Uma voz vinda do outro lado a chamava:

— Híria! — Alguém a chamava. Voltou-se e viu uma mulher bonita vestida com uma roupa estranha e uma serpente viva em volta do pescoço; estava parada no alto da pedra, olhando para ela. — Você tem noção do que acabou de fazer? Enganou Dandar, prometendo voltar para casa, e não voltou. Usou o colar para abrir o portão e não temeu entrar. Esse colar tem a magia das montanhas; em determinado tempo, ele tem o poder de abrir a entrada das montanhas, transportar objetos ou pessoas. Depois se fecha, só que temos que aguardar determinado tempo para ele voltar a se abrir novamente. Meu nome é Thira, sou a sacerdotisa das montanhas. A moça com quem você conversou é um dos nossos espíritos protetores. Ela veio até você atraída pelo colar e para avisá--la do perigo que corria. Como não adiantou, pediu-me que cuidasse de você.

Híria sentou-se numa pedra; estava cansada. Apavorada, pensava: "O que fazer?" Começou a chorar.

— Por favor, senhora, me ajude. Preciso voltar para minha casa.

Thira retirou delicadamente a serpente que trazia enroscada no pescoço, deixando-a sobre uma pedra. Aproximou-se de Híria, suspendeu-a, alisou seu rosto e lhe disse com voz maternal:

— Venha comigo, Híria. Cuidarei de você até ser autorizada a sua saída.

Desesperada, a garota agarrou-se à mulher.

— Eu preciso voltar para casa, por favor, minha senhora, me ajude. Eu não sabia da magia desse colar; peguei até mesmo sem avisar minha mãe.

— Vamos, Híria, vamos descansar.

Andaram bastante tempo. Chegaram, no topo de uma montanha, a uma casa feita entre pedras e coberta de palhas. Era a morada de Thira.

A mulher fê-la sentar-se e colocou seus pés numa vasilha com água quente que ela retirou de uma panela que estava sobre brasas. Deu-lhe de beber um copo de leite.

Híria observava o ambiente; tudo ali era muito rústico, embora limpo. Enquanto ela repousava os pés naquela água quente, a mulher preparou um prato de comida, oferecendo a ela e dizendo:

— Você precisa comer.

Sentindo o estômago vazio e o cheiro bom da comida, ela pegou o prato e devorou a refeição. Comeu um bom pedaço de carne assada, de um sabor jamais experimentado antes; depois ficou sabendo tratar-se de carne de javali.

Fatigada pela caminhada, relaxada com o unguento dos pés e tendo a fome saciada, Híria deitou-se no couro macio que forrava uma das camas de pedra, adormecendo em seguida.

Acordou e viu que o ambiente estava iluminado por uma lamparina pendurada no teto. Sentou-se assustada. Thira estava sentada em uma das pedras; tomava chá e observava a moça.

Em cima de uma mesa de pedra havia uma caneca de chá, peixe desfiado e inhame esperando por Híria. A mulher, sorrindo, disse-lhe brincando:

— Pensei que você não iria mais acordar. Venha, tome um banho, troque essa roupa. Coloque esta túnica, deve lhe servir. Depois vamos à ceia enquanto conversamos. A única coisa que podemos fazer por aqui é conversar muito.

Híria banhou-se, vestiu a túnica e sentou-se em frente de Thira, que acompanhava cada um dos seus gestos.

— Vou ampará-la e zelar pela sua segurança, mas quem poderá decidir seu destino é Jardon — comentou a sacerdotisa. — Você cometeu um crime contra o Vale e contra as montanhas; você nos traiu. Por que não ouviu Dandar? Ela foi até você a fim de que não cometesse nenhuma tolice. Ela acreditou em você e você a traiu. Sabe qual é o castigo para aqueles que traem um espírito? Não receber nenhum benefício espiritual. Nenhum espírito irá ajudá-la, portanto, só pode contar com a própria sorte.

Híria começou a chorar.

— Por favor, Thira, me ajude. Eu reconheço o meu erro; a curiosidade em conhecer algo mais sobre as montanhas me levou a isto. Já é noite, minha mãe deve estar desesperada me procurando, e só Deus sabe pensando em quê. Se não puder retornar amanhã, o que será da minha mãe?

— Deveria ter pensado nisto antes, Híria. Você traiu a sua mãe também. Pediu para ir até a fonte, mas da fonte até a entrada das montanhas é um longo caminho!

Thira arrumou a cama e entregou a Híria uma manta de lã, dizendo:

— Ao cair da noite, o frio aqui é intenso. Procure dormir e ficar calma. Não se preocupe com os ruídos que logo mais ouvirá; são lobos, tigres, ursos e onças que saem à procura de suas caças. Fique sossegada, nenhum animal tocará em você. Eu preciso sair, cuidar das minhas tarefas como sacerdotisa. Durma e não me espere; quando acordar amanhã, estarei aqui.

Thira afastou a última serpente que estava enroscada num canto. Ela não tocou no réptil; disse algumas palavras estranhas e a serpente saiu calmamente.

A sacerdotisa saiu, fechando a porta. Híria nunca se sentiu tão só e tão triste. Imaginava o que estaria acontecendo no Vale: sua mãe e todo o povo procurando-a nas imediações da fonte e do rio.

Com certeza, a essa altura, acreditavam que ela tivesse se afogado. Iriam revolver o rio para tentar encontrá-la.

Deus, por que não ouvira sua mãe? Como fora tola e irresponsável. E quando seu pai chegasse? O que faria com sua mãe? Ele tinha recomendado tanto a Liza que não a deixasse sair sozinha!

Olhava para o teto de palha e os móveis rústicos, e agradecia a Deus por Thira tê-la encontrado; senão, o que seria dela? Nunca imaginara que as montanhas fosse outro mundo, mas agora podia ver e sentir uma grande diferença entre as montanhas e o Vale.

Um estrondo que parecia cair do céu fez Híria encolher-se. Os uivos e gemidos dos lobos e onças faziam um eco que estremecia o chão de pedras.

Híria tremia, apavorada; parecia que estava cercada por todos os lados. Como Thira iria voltar com todos aqueles animais ferozes ao redor de casa? A casa não era segura; logo mais eles estariam invadindo tudo.

Ficou encolhida, prendendo a respiração por longo tempo. Como poderia pensar em dormir cercada por animais prontos a devorá-la? Ficou rezando para que Thira voltasse logo.

De olhos fechados, na mesma posição, ela notou que os uivos e gemidos tinham cessado. Não tinha coragem de abrir os olhos nem de se mexer. Ouviu algo mexendo na porta de entrada, e o coração disparou. Seria um animal?

Respirou aliviada quando ouviu Thira dando bom-dia a qualquer coisa que ela não sabia o que poderia ser. Abriu os olhos e, com uma voz ainda trêmula, perguntou:

— Thira, é você?

— Sim, Híria, sou eu. Por que não dormiu? Ficará doente se não descansar. Híria, lembre-se de que medo não vai ajudá-la em nada. Se deseja sair daqui, deve tornar-se forte e corajosa, ou jamais voltará para sua casa no Vale. Ainda hoje, porque o dia já amanheceu, os conselheiros estarão reunidos para ouvir nossos guardiões. À tarde vamos saber o que foi decidido sobre seu destino.

Foram horas intermináveis aquelas para Híria; parecia que ali no topo da montanha o tempo era diferente das horas do Vale.

À tarde, uma gigante águia sentou-se em frente da casa de Thira, abrindo as asas e fechando-as. Thira levantou-se e disse:

— Entre e me espere. Descerei a montanha menor para saber o que foi resolvido.

Híria rezava para que ela voltasse logo e lhe dissesse:

— Você retornará a sua casa agora mesmo.

Enquanto isso, os conselheiros, diante da sacerdotisa e da mãe grande, esperavam um sinal, todos de cabeça coberta e concentrados. Um bater de asas fez com que todos eles se sobressaltassem: a sacerdotisa entoou um canto, e o pássaro lhe respondeu batendo asas e emitindo um som.

O pássaro voou e logo todos descobriram os rostos, olhando-se em silêncio. A sacerdotisa então falou:

— Dandar nos diz: a pequena deverá permanecer por sete meses entre nós. Daqui a sete meses, nosso mestre maior, o sol, passará para o lado direito da deusa branca, a lua, e só então o choque provocado por Híria nas pedras sagradas poderá se normalizar.

Jardon empalideceu. A filha de Liza estava entre eles, e ele era o culpado por entregar aquele colar sagrado nas mãos dela. A sacerdotisa comprometeu-se a cuidar da moça e do colar; era tudo o que poderia fazer.

Assim que tudo ficou acertado, Jardon saiu para caminhar, lembrando-se de que Dandar lhe dissera um dia:

— O colar voltará pelas mãos daquela que foi gerada aos pés da montanha.

Sentado embaixo da árvore da velha mangueira, ele meditava: Híria tinha o poder de abrir as pedras. Somente quem era gerado sobre as pedras na hora de sua consagração poderia obter delas a força e o poder de abri-las.

Já não tinha nenhuma dúvida: Híria era sua filha. Ele precisava vê-la, olhar dentro dos seus olhos, tocá-la. Híria era o fruto do seu amor por Liza; ele precisava conhecê-la.

À tardinha, Thira chegou com a notícia:

— Você ficará nas montanhas por sete meses. Não podemos libertá-la antes; você atraiu uma força invisível que somente o tempo poderá normalizar.

— Os meus pais serão avisados? — perguntou Híria, aos prantos.

— Infelizmente, não. É contra as nossas leis mantermos filhos do Vale prisioneiros. Não temos nenhum contato com seu povo, a não ser para negócios. Os nossos homens de negócios jamais falarão sobre você para os homens do Vale. Você voltará ao Vale na data prevista por Dandar, e o fará pelo mesmo caminho pelo qual chegou. Enquanto isso, vou ampará-la e cuidar de sua segurança.

Híria caiu em depressão. Chorava, implorava a Thira que falasse com seu chefe para devolvê-la aos seus. Ela deixaria o colar nas montanhas. No Vale, ele não exercia poder algum; ela não sabia dos mistérios daquele colar, por isso não podia ser punida de tal maneira.

Thira, com todo o carinho e muito cuidado, explicou a Híria que as coisas do Criador não eram os homens que decidiam, e sim Ele. Thira pediu:

— Híria, por favor, colabore comigo nesta situação que você provocou. Eu nada posso fazer a não ser obedecer às ordens do céu; espere o tempo certo para retornar a sua casa.

Capítulo XI

Os dias passavam. Híria, sob o olhar de Thira, andava pelos arredores. Tudo ali era bonito, calmo, diferente de tudo o que já tinha visto antes.

Tomava banho na cachoeira de água quente, comia os frutos amadurecidos no pé. Aprendeu com Thira a fazer bordados e lapidar pedras preciosas.

Já haviam se passado dois meses. Híria contava cada dia que passava; parecia que já estava ali há uma eternidade. Com certeza, as horas daquele povo eram as mais longas do mundo.

Uma tarde, Thira a chamou dizendo:

— Tenho que ausentar-me. Você ficará segura se me ouvir: não se ausente de casa; pense no desastre que provocou por não ouvir os mais velhos. Cuide-se bem e lembre-se de que você se prepara para voltar ao Vale, e não para ser devorada na montanha por algum lobo faminto.

Thira encarregou-se de deixar alimento, água e tudo o que era necessário para Híria não se afastar de casa. Despediu-se dela prometendo voltar o mais rápido que pudesse.

Híria ficou fechada na cabana. Olhava pela janela o sol que brilhava, encandeando os arredores. Híria pensou: "Até a cachoeira não há perigo; é só atravessar". Ela via as águas caindo, formando um bonito véu. Abriu a porta devagar, tudo era silêncio. Apenas ouvia-se o barulho das águas descendo pelas pedras. Encostou a porta e saiu. Desceu a trilha que levava até a cachoeira. Banhava-se alegremente em suas águas quentes quando ouviu o barulho de passos se aproximando.

Correu, pegou a roupa e vestiu-se depressa; ficou encolhida entre duas pedras, esperando para ver quem, ou o que, era.

Um jovem alto, corpulento e de cabelos ruivos chegava às pedras onde Híria estava escondida.

O rapaz, sorrindo, estendeu a mão para ela falando:

— Pode sair, não sou um lobo. Mas, se fosse, com certeza você estaria morta. Deveria subir no alto da pedra, assim o lobo não sentiria seu cheiro e talvez fosse embora. O que faz aqui? É a filha do novo Moni?

Híria, fazendo uma careta, respondeu:

— Moni! O que é Moni?

O rapaz, achando que ela estava brincando com ele, disse:

— Vou me apresentar: me chamo Tor e sou filho de Jardon, o chefe da tribo.

Ela lhe respondeu:

— Eu me chamo Híria e sou filha de Benn e Liza. A minha casa é no Vale; estou aqui por um acidente.

Tor encostou-se na parede da pedra. Passando a mão pela testa, perguntou:

— Você disse que se chama Híria, filha de Liza do Vale?

— Sim, é isso mesmo o que você ouviu.

— Então é isso! — falou alto Tor. — Nestes últimos meses, os conselheiros se reúnem praticamente todos os dias. Eu tinha certeza de que era algo sério, mas não tão sério como imaginava. Menina, como você entrou aqui?

— A história é longa, Tor. Vou tentar simplificar para você entender.

140 | MARIA NAZARETH DÓRIA inspirado pelo espírito CIGANA CARMELITA

Após relatar como chegara até ali, Tor começou a se lembrar e a juntar cada palavra que ouvira dos mais velhos a respeito de Liza e do comportamento do seu pai.

Tor não tinha mais dúvidas: Jardon havia amado Liza e dera a ela o que havia de mais sagrado: o colar dos três mistérios.

Olhava para Híria e dizia para si mesmo: "Esta menina é minha irmã; tem os nossos traços, eu até a confundi com a filha do Moni. Essa moça é filha de Liza e do meu pai".

Já estava escurecendo quando Tor levou Híria até sua casa, prometendo que no outro dia logo cedo voltaria para trazer-lhe livros e conversarem um pouco mais.

Ao chegar em casa, Tor estava estranho, pensativo. Jardon notou que seu filho estava com algum problema. Aproximou-se dele e perguntou:

— Tor, está tudo bem com você?

— Está tudo bem comigo, sim, e com o senhor?

Jardon percebeu um tom de mágoa na voz de Tor.

— Tor, fale comigo. O que se passa com você? — Ficou esperando a resposta do filho, e este então começou a falar:

— O mundo nos vales, nos rios, nos ares ou nas montanhas pode ter culturas diferentes, tons de peles diferentes, mas os sentimentos são iguais para todos. Hoje eu tive certeza disso. Já não me considero mais um menino, por isso vou falar com meu pai de homem para homem. Acabei de conhecer uma moça chamada Híria; segundo ela, está aqui por acidente. Eu me pergunto, pai: não o aflige saber se essa moça não será sua filha com Liza? A semelhança de Híria conosco é tão forte que a confundi com a filha do Moni.

Jardon empalideceu.

— Tor, o que sabe sobre mim e Liza?

— Pouca coisa sei, mas o que soube é suficiente para acreditar que não estou errado. Se estou certo, é tempo de os mais velhos investigarem que não devemos fugir do nosso caminho, mas segui-lo. Se existe a força de um único Pai Criador, e se Ele coloca um filho Seu em nosso caminho, devemos recebê-lo em nosso convívio, e não tentar evitá-lo como uma doença. Meu querido pai — continuou Tor a falar —, se eu estivesse no seu lugar, em vez de ficar apenas ouvindo os ensinamentos do passado, procuraria conversar e ouvir um pouco mais os ensinamentos do Pai Criador que mora em seu coração. Pai, o mundo mudou, você leu o livro sagrado que fala de uma grande reforma na humanidade. O homem que vive no reino do céu desceu à Terra. Por que nós, que vivemos apenas nas montanhas, não podemos descer também até o Vale? Essa menina que veio do Vale pensa como eu, fala como eu e sofre como eu. Eu quero ajudá-la, mas preciso de sua ajuda e da sua consciência para libertá-la. Será que os nossos bons espíritos não concordariam com uma reforma entre o nosso povo? Não serão esses os sinais que os mais velhos e a sacerdotisa estão temendo não entender? Tenho lido muitas coisas, coisas boas e coisas ruins. Estou preparado para enfrentar o bem e o mal. Aqui só somos preparados para vivermos em paz, não conhecemos o perigo que o mal pode nos causar. Não sabemos nos defender dele! Desconhecemos o que é lutar por si mesmo, vencer obstáculos e desafios. Nascemos, crescemos e morremos nesta montanha; nada participamos da defesa dos demais irmãos que vivem espalhados por aí. Não progredimos, não regredimos, estamos sempre estáveis. Eu quero ganhar e perder, errar e acertar; preciso ouvir palavras novas, conhecer outros costumes, ver rostos. Eu quero sentir alegria e medo, eu quero chorar e sorrir com outras pessoas.

"O colar sagrado desceu ao Vale pelas mãos de uma mulher que levou seu sangue e seu amor. Seu colar retornou pelas mãos de outra mulher, trazendo seu sangue nas veias e querendo apenas seu amor. Híria é sua filha, é minha irmã, e eu não a deixarei partir sem conhecer a verdade sobre sua procedência. Ela, tal como Liza, sua mãe, são filhas das montanhas."

Jardon estava pálido e trêmulo. Ouvia a contragosto o que seu filho dizia. Tor parecia um ancião falando para a tribo; tinha sabedoria e sabia conduzir bem as palavras.

— Tor — respondeu Jardon —, precisamos conversar. Sinto que chegou o momento de você entender o que fez seu pai. Você precisa compreender que o mundo não mudou de repente, que não posso revolucionar a tribo com mudanças para as quais ela não está preparada. Entenda, Tor, nem todos os jovens pensam como você, nem todas as pessoas compreendem o que você está sentindo. Acredito, meu filho, que no futuro essas sementes que estão sendo lançadas por você venham a brotar em nossa nação, mas não é de repente que posso ditar novas leis, novas regras para nosso povo.

Capítulo XII

Berenice lecionava; dava aulas para crianças, jovens e adultos. Ao entrar em casa, percebeu que algo estranho havia acontecido entre seu pai e Tor. Os dois estavam sérios e compenetrados, cada qual com seus sentimentos.

Cumprimentou os dois e ficou com medo de perguntar o que estava acontecendo. Foi até a cozinha, preparou um chá e ofereceu aos dois, observando a expressão de cada um.

Tor levantou-se e, sem dar tempo para o pai retrucar, falou:

— Berenice, temos uma irmã chamada Híria. Ela veio do Vale e está na casa da sacerdotisa. Amanhã eu levarei você até lá, se desejar conhecer sua irmã. Falaremos com ela sem rodeios. Depois quem sabe o meu pai decida-se a ir até lá conhecê-la, abençoá-la e pedir ajuda aos bons espíritos para libertá-la de sua prisão. Se por livre e espontânea vontade ela desejar ficar nas montanhas, que seja livre, que fique por escolha própria, e não por coação nossa, e que possa circular livremente entre nós.

Berenice arregalou os olhos e gaguejou antes de falar:

| 145

— Híria, aquela do bilhete?

— Que bilhete? — perguntou Tor.

— Desculpe-me, pai, eu esqueci que não podia falar com ninguém sobre isso, mas o momento agora é oportuno. Acho bom falarmos abertamente um com o outro, afinal de contas, somos uma família.

Berenice contou para Tor sobre o bilhete encontrado na capa do livro; tudo levava a crer que realmente havia um fundo de verdade nas suspeitas de Tor.

Berenice ficou curiosa e encantada por saber que Híria poderia ser sua irmã. E se fosse? Como iria ser?

Jardon foi recolher-se. O sono não chegava; sua vontade era subir a montanha e ir ter com Híria. Tor estava certo; há momentos na vida de um homem em que ele necessita colocar tudo no chão e pesar bem o que deve levar nas costas. De repente, nem toda a carga era necessária e, por costume, medo e tradições ultrapassadas, carregava-se peso demais.

Ele ia reunir os mais velhos. Revelaria toda a verdade; o castigo que lhe fosse imposto, aceitaria com humildade. Era tempo de seguir os novos testamentos do Mestre. Ele não iria modificar seu povo nem sua cultura, apenas renová-la, ajustá-la aos novos tempos. Jesus Cristo descera do céu e fizera isso em terra; ele havia lido isso.

Tor também não dormiu; revirava-se na cama para lá e para cá.

Berenice ficou muito tempo sonhando com a irmã; iria enchê-la de perguntas. Ela vibrava com o que lia nos livros.

Os primeiros raios da manhã encontraram Jardon já de pé, andando de um lado para o outro. Olhava em direção ao Vale, e parecia que seu coração voava. Nunca havia se sentido assim antes.

Tor levantou-se e encontrou Berenice de pé na cozinha.

— Vamos tomar nosso chá e seguiremos até a casa da sacerdotisa.

O pai ficou olhando os dois irmãos seguindo em direção à montanha; temia pela reação de Híria.

Marcou uma reunião de emergência ao cair da tarde com todos os membros da comunidade. Os mais velhos ficaram apreensivos com o pedido do chefe.

O sol já declinava para o lado do Vale, e Berenice e Tor não haviam regressado ainda. Jardon estava aflito; o que estaria acontecendo? Teve vontade de ir ao encontro deles, mas controlou seu ímpeto.

Horas mais tarde, Jardon avistou os filhos chegando. Com o coração palpitando de emoção, correu ao encontro deles.

Tor sentou-se e começou a falar:

— Está tudo esclarecido. Híria é sua filha, temos plena certeza disso, e ela também. Ela nos contou toda a sua vida e a vida de sua mãe. Prometemos a ela que vamos ajudá-la no que for necessário.

Jardon agradeceu aos filhos e saiu. Foi cumprir sua devoção; lá estava Liza ajoelhada. "Oh, Deus do livro sagrado! Se pudesse gritar e fazê-la me ouvir, para avisar que nossa filha está aqui. Hoje mesmo minha vida tomará um rumo que ainda desconheço, mas vou ajudar minha filha a retornar para o Vale."

Desceu as montanhas decidido. Foi até o centro comunitário e, sem fazer rodeios, contou sua história de amor com Liza, falando-lhes também sobre Híria.

Contou-lhes sobre os pensamentos de Tor, sobre o Novo Testamento, que falava de um homem que viera do céu para reformar as leis de Deus, e não eliminá-las.

Os mais velhos pediram tempo para orar aos bons espíritos, pois o caso era muito sério e inédito entre eles. Jamais haviam estado diante de uma situação tão grave.

Tor e Berenice cobraram de Jardon uma posição em relação a Híria; ela não poderia ficar na casa da sacerdotisa tendo um pai e irmãos nas montanhas.

No outro dia cedo, Jardon levantou-se e saiu em direção à montanha mãe. Iria quebrar todas as regras, todas as leis; aliás, ele já havia quebrado todas as leis do seu povo quando se unira a Liza. E continuava amando-a do mesmo jeito que a amara sobre as pedras da montanha mãe. Agora que revelara seu segredo sentia-se aliviado, livre, feliz.

Chegando próximo à casa de Thira, avistou-a de costas. Ela falou-lhe:

— Jardon, onde corre o nosso sangue, corre a energia do amor. Entre em minha casa e veja com seus próprios olhos o fruto que germinou no ventre de Liza, a semente do seu amor.

Sem virar-se, Thira seguiu em frente. Jardon aproximou-se da casa, parando diante de uma mocinha que lembrava Liza e ele mesmo. Suspirou fundo antes de dizer:

— Híria, eu sou Jardon. Creio que você já soube que sou seu pai.

Ela atirou-se em seus braços chorando. Ele sentiu o calor do corpo de sua filha, sentiu o cheiro de Liza. As lágrimas corriam silenciosamente pelo seu rosto.

Sentaram-se um de frente para o outro; examinavam-se com os olhos. Híria falou-lhe sobre Liza; ele ouvia em silêncio. Híria agora sabia que Benn não era seu pai. Ele era bom, generoso, amoroso e amava-a sinceramente, e ela também o amava como um verdadeiro pai.

Jardon prometeu a Híria que voltaria para levá-la. Só iria conversar com os mais velhos. Desceu a montanha como um pássaro quando deixa seu ninho.

Ao chegar em casa, Tor o esperava. Pelo olhar do filho, percebeu que ele queria falar-lhe. Sentou-se numa pedra em frente de sua casa e disse:

— Fale, Tor, o que se passa?

— Os mais velhos desejam falar-lhe urgentemente. De longe os observei e percebi que não aceitaram sua conduta de vida. Possivelmente não será um castigo, mas uma nova oportunidade que os bons espíritos irão aplicar no senhor.

Lembre-se, meu pai: o homem só evolui recebendo oportunidades, e não castigos. Seja qual for sua sentença, lembre-se do homem da cruz; eu estou do seu lado. Poderemos descer as montanhas e percorrer o mundo; Ele foi um grande exemplo. Deixou sua cidade, casa e família para construir sua obra. Nós podemos construir nossa obra além do Vale.

Jardon abraçou seu filho e saiu a passos firmes até o centro comunitário, onde já estavam reunidos os mais velhos.

O escolhido para transmitir sua sentença era seu tio. Ele começou falando:

— Como chefe da nossa tribo, diante de tudo o que nos fora revelado, fomos obrigados a tomar a seguinte decisão: um novo chefe deverá assumir nosso povo. Diante disso, faremos uma reforma, como você mesmo sugeriu, reforma esta que venha a beneficiar a todos. Você continua sendo um dos nossos, mas não poderá conduzir nosso povo.

Jardon agradeceu aos mais velhos e saiu. Foi até sua velha amiga: a mangueira onde conhecera Liza. Deitou-se e procurou descansar; logo adormeceu.

Sonhou que descia as montanhas de mãos dadas com seus três filhos; passavam pelo portão, e só então ele olhava para trás. Ali deixava uma parte de sua vida. Ali ele conhecera o maior tesouro de sua vida: Liza.

Entrava no Vale sorrindo. Tudo era um sonho, assim como ele sonhara todas as tardes estar caminhando pelo Vale. Agora estava ali, livre e feliz. Queria rever Liza, não iria atrapalhar sua vida, mas apenas revê-la.

Nisto apareciam duas senhoras distintas que lhe estendiam as mãos dizendo:

— Somos ciganas, vocês podem se unir ao meu povo. Andamos pela Terra de norte a sul; nossa pátria é o mundo.

Ele olhava para os filhos, e Tor parecia encantado com o convite. Falava baixinho para ele:

— Pai, eu li muitas coisas sobre os ciganos. A história desse povo é fascinante. Eu gostaria de acompanhá-los.

Em seu sonho, Jardon já estava no meio dos ciganos. Berenice estava vestida com roupas coloridas; estava muito bonita e feliz. Tor ensinava aos ciganos muitas coisas; eles gostavam de ouvi-lo.

Jardon estava de mãos dadas com Liza. Sentados numa carroça estavam Híria e um rapaz cigano que tocava violino. As duas senhoras ciganas chegavam mais perto dele e de Liza e, rindo, falavam:

— Quem diria vê-los juntos novamente!

Uma outra cigana aparecia com uma criança no colo e a entregava a Berenice, dizendo:

— Cuide bem dela. — No rosto da criança, ele reconheceu Dandar. Também ouviu Berenice perguntando:

— Senhora, de quem é essa criança?

Ela respondeu:

— É sua filha e chama-se Carmelita.

Ele acordou sobressaltado. Passou a mão na testa e se levantou, assustado com o sonho.

Chegando em casa, encontrou Tor e Berenice. Assim que o filho o avistou, foi dizendo:

— Amanhã vamos buscar Híria.

Jardon balançou a cabeça afirmativamente. Berenice o abraçou dizendo:

— Já sabemos de tudo, pai, estamos do seu lado.

Ele sorriu e respondeu:

— Vou deitar-me; amanhã será um novo dia para todos nós.

Tor e Berenice continuaram conversando. O irmão mostrou um livro para a irmã e comentou:

— Este livro fala de uma civilização chamada de ciganos. Eu me identifiquei tanto com eles que daria tudo para acompanhá-los em suas caminhadas.

— Ciganos? Fale-me mais alguma coisa sobre eles! É um nome estranho, mas soa bonito. O que eles fazem? Como vivem? Onde moram? Como são? Fale-me mais sobre eles.

Tor lia para Berenice, parecendo fazer parte daquela história tão envolvente.

Híria veio para a casa de Jardon, mas foi proibida pelos membros mais velhos da tribo de circular entre o povo da montanha e de se envolver com eles, até o dia do seu regresso ao Vale.

Já completavam seis meses e quinze dias desde que Híria chegara à montanha. Faltavam poucos dias para ela se despedir dos seus e descer ao Vale.

Thira mandou chamá-la, com a ordem e o conhecimento do novo chefe da tribo. Orientou Híria sobre como proceder; ela pessoalmente iria acompanhá-la até a saída das montanhas, para se certificar de que tudo correra bem.

Híria estava inquieta; não sabia o que tinha acontecido com sua mãe desde seu desaparecimento. Como retornar depois de tanto tempo? Certamente já havia sido dada por morta.

Faltavam agora dois dias para sua partida. Híria viu Tor arrumando algumas coisas em um saco de couro; ele parecia muito estranho. Cochichava com Berenice e trocavam olhares que Híria não entendia.

Capítulo XIII

Híria dormia inquieta, tendo pesadelos. Acordou assustada com alguém chamando por ela; era Berenice, que falava:

— Pegue o colar e venha. Cubra-se com a manta, que está muito frio. Não se preocupe, está tudo bem; venha bem devagar. Vá apertando todas as pedras do seu colar, Híria, em direção à lua. Com a magia do colar, cortaremos o caminho. Em breve estaremos na saída para o Vale. Então você abrirá o portão; venha que Tor nos espera.

Tor estava carregando um saco nas costas. Híria não tinha reparado que era o pai adormecido. Híria assustou-se e Berenice falou-lhe:

— Tenha calma, ele está bem; apenas dorme.

Andaram por uma trilha que era iluminada pela lua.

Tor suava, mas não desistia do seu fardo. Híria fazia o que Berenice tinha pedido: esfregava todas as pedras do colar entre os dedos. Já apareciam os primeiros raios do dia quando Híria viu o grande portão que separava as montanhas do Vale.

O portão abriu-se, e eles passaram rápido. Berenice estendeu a manta no chão, Tor colocou o corpo do pai sobre a manta e, antes de o portão se fechar por completo, tomou o colar das mãos de Híria e atirou-o do outro lado da montanha.

O portão fechou-se por completo. Tor suspirou fundo e disse:

— Vamos andar um pouco. Mais adiante, descansaremos e, depois que nosso pai acordar, vamos apresentá-lo ao Vale de Liza.

Andaram despreocupados, a passos lentos. Berenice estava encantada com o cheiro da relva e das flores; como era lindo aquele lugar! Híria tinha razão em sentir tantas saudades do seu Vale.

Híria enchia os pulmões de ar e respirava fundo; temia o que poderia encontrar em sua casa. Como se adivinhasse os pensamentos de Híria, Tor respondeu:

— Você volta para a sua casa e nós seguiremos nossa caminhada. Não se preocupe, Híria, não vamos lhe causar problemas com seu pai e sua mãe. Devemos respeitar os sentimentos alheios. Eu só fiz o que fiz com meu pai, arrastando-o para fora das montanhas, para libertá-lo de si mesmo. Neste momento, os nossos irmãos das montanhas já terão motivos suficientes para iniciar uma reforma geral em nossas leis. Se os espíritos nos permitiram esta façanha, foi no sentido de ajudar o nosso povo também a mudar.

O sol já aparecia no alto da montanha, iluminando o Vale, quando Jardon mexeu-se. Estavam debaixo de uma frondosa árvore. Tor respirava o cheiro daquela terra como se já a conhecesse.

Os três ficaram atentos, aguardando o pai abrir os olhos. O ar fresco do Vale dava uma sensação de descanso, paz e segurança.

Jardon abriu os olhos lentamente. Fechou-os e os tornou a abrir. Estaria sonhando?

— Pai, nós estamos no Vale. Abra os olhos, vamos lá, acorde — disse Tor. — Vamos construir uma nova vida, vamos seguir uma nova estrada. Vamos atravessar o Vale e seguir os rastros dos ciganos.

Jardon ainda estava tonto com o chá de ervas do sono, mas arregalou os olhos ao ouvir a palavra "ciganos".

— Tor, onde você escutou esse nome?

— Não ouvi, eu li a história do povo cigano e acho que devemos segui-los; seus costumes e pensamentos são idênticos aos nossos.

Jardon lembrou-se do sonho que tivera; nunca tinha ouvido falar desse nome, e Tor agora falava que existiam ciganos de verdade.

Híria então completou:

— De vez em quando, eles passam pelo Vale, mas logo vão embora. São educados e bonitos, falam pouco e não aborrecem ninguém.

Jardon, recobrando a consciência por completo, deu-se conta de onde estava.

— Meu Deus, Tor! O que você fez? Onde estamos? Que lugar é este? Não quero acreditar no que estou vendo, Tor — disse Jardon.

— Estamos no Vale e usamos a magia do colar, ou seja, aproveitamos a época em que as montanhas se abrem, mostrando um novo caminho. Por isso passamos tranquilamente, sem sermos barrados pelos guardas. A nossa história se repete, tal como a do Moisés do livro sagrado. Moisés aproveitou o momento em que o mar dividia-se em dois para tirar seu povo do cativeiro, e nós aproveitamos a hora em que as montanhas se abrem em duas para sairmos do nosso próprio cativeiro. Saímos antes de a sacerdotisa aparecer. Mas acredito que ela já sabia do meu plano e até torceu por nós. Estamos fora das montanhas e seremos os novos ciganos.

Jardon ainda não acreditava ser real o que estava acontecendo.

Tor puxou um saco e mostrou as pedras preciosas, as barras de ouro e prata que pertenciam a sua família.

— Isso nos sustentará por um bom tempo, pode acreditar. Li muito; estou pronto para enfrentar o mundo que me espera. Aproveitei muitas informações daqueles livros vindos do Vale. Sei que isso aqui vale uma fortuna, senhor Jardon! — disse Tor rindo. — Híria, vamos conhecer seus pais; explicaremos a eles tudo o que lhe aconteceu, logo após seguiremos nosso caminho. Não viemos ao Vale para trazer discórdia, nem para você, nem para sua família.

Tor olhou para as montanhas e continuou:

— As montanhas jamais serão as mesmas; as montanhas hoje têm uma nova história na sua vida. Nós quebramos regras e leis do nosso povo. Outros jovens já pensam como eu; as leis vão mudar, porque nós já mudamos.

Híria estava aflita, ansiosa. Queria sair correndo ao encontro da mãe. Depois de sete meses ausente, como estaria sua família? Como poderia explicar o seu desaparecimento? Ela teria que enfrentar as consequências do seu erro.

Jardon, em silêncio, chorava; sentia-se como num sonho. Tinha sonhado tanto no alto da montanha mãe por um momento assim, e agora estava assustado, sem saber o que fazer.

Berenice abraçou o pai. Animando-o, falou:

— Pai, nós estamos juntos. Você cumpriu sua missão muito bem. Ajudou a levar cultura ao nosso povo, os livros despertaram nos jovens o desejo e a coragem de conhecer outras terras, outras civilizações. Dentro de poucos anos, vamos encontrar muitos membros da nossa família por aí. Eu também me preparei para viver e enfrentar este momento, por isso não tema; nós estamos confiantes e conscientes da nossa escolha.

Híria os levou até as proximidades do rio, um lugar tranquilo e cheio de paz. Apanharam jabuticabas e goiabas maduras, comeram à vontade. Não havia ninguém por perto, isso dava muita segurança a Jardon.

Conversaram muito e resolveram seguir viagem até a casa de Liza após o sol ter cruzado para o lado sul (parte da tarde). Deitaram-se e ficaram conversando. Tor fazia planos, Jardon apenas ouvia. Berenice, apertando a mão de Híria, lhe dizia:

— Nós vamos andar como ciganos por aí, mas, assim que pudermos, visitaremos você, eu prometo, minha irmã.

Capítulo XIV

A casa de Liza estava de luto há oito dias. O chefe da família morrera da queda de um animal. Depois que a filha tinha desaparecido, ele bebia demais; tornara-se violento com todos, principalmente com ele mesmo.

Estava embriagado, montou em um animal e saiu em disparada. Apertando a espora no animal, corria pelas estradas sem rumo. Na Descida das Pedras de Pontas, como era chamado o local — as pedras tinham a forma de enormes cristais pontudos —, ele caiu, batendo com a cabeça em uma dessas pedras e perfurando o crânio. Teve morte instantânea.

Liza trancou-se em seu quarto. A vida tinha acabado. Perdera a filha e, agora, o que lhe restava de mais importante na vida: o esposo. Por mais que Sara insistisse em ajudá-la, percebeu que ela também estava morrendo.

Sara olhava para Liza e não podia conter o pranto; ela ajudara aquela criatura a nascer, não podia deixá-la morrer. Precisava fazer alguma coisa, mas como, e o que poderia fazer? Se ao menos a mãe de Liza tivesse sentimentos... Ela jamais contaria a verdade a Liza; seria muito sofrimento. Se pudesse subir as montanhas e pedir ajuda para Liza, mas isso era impossível.

Eram mais ou menos quatro horas da tarde quando Híria avistou sua casa. Estava tudo em perfeita ordem. Ela cobriu a cabeça; vestia uma túnica feita nas montanhas. Passaram dois cavalheiros por eles, e Híria ainda ouviu o que um deles falou:

— Esquisito esses ciganos por aqui; eu não os vi entrar no Vale.

O outro respondeu:

— São diferentes daqueles que passam sempre por aqui, você não acha?

Os raios do sol brilhavam, iluminando a verde planície. Tor sorria encantado; sua vontade era sair correndo, nunca imaginara que o Vale fosse tão bonito.

A casa de Híria estava silenciosa. Era domingo, e os trabalhadores estavam de folga, pensou Híria. Conforme combinaram, Tor seguiu na frente. Foi até a entrada da casa, batendo palmas. O perdigueiro latia, chamando a atenção dos moradores da casa.

Enrolada num manto preto, Sara apareceu na soleira da porta. Híria sentiu um calafrio e amparou-se em Berenice. Sara estava de luto; alguma coisa séria acontecera com sua família.

Sara estava cansada e abatida com a morte do senhor Benn. Ele era como um filho para ela. Sara, vendo aquele moço ruivo de olhos verdes vestido de uma forma estranha, sentiu medo dele. Quis correr e fechar a porta, mas, criando coragem, perguntou:

— O que deseja, cigano?

Tor respondeu:

— Trago notícias de Híria. O meu nome é Tor e estou aqui a mando dela.

Sara empalideceu; as pernas enfraquecidas começaram a tremer, a voz não saía.

Do quarto onde estava acamada, Liza pôde ouvir as palavras de Tor. Tentou levantar-se, a cabeça girando pela fraqueza do seu organismo. Caiu desmaiada no chão.

Sara, com voz trêmula, gritou:

— Fale, pelo amor de Deus! Onde está Híria?

— Ela está ali, senhora — disse isso apontando para o local onde havia deixado o pai e as duas moças.

Sara não pôde reconhecer Híria da distância onde se encontrava; suas vistas já não a ajudavam a enxergar tão bem. Rapidamente passou pela mente de Sara: "Então, os ciganos a raptaram! Devem estar querendo dinheiro em troca. O que vou fazer, meu Deus?"

Tor perguntou:

— Onde estão os pais de Híria?

— O pai dela faleceu oito dias atrás e a mãe está muito enferma, não pode sair do leito.

Tor empalideceu. Como iria dar essa notícia a Híria? Ela não suportaria tal notícia; ele sabia do amor e do respeito dela por Benn.

Olhou para Sara e só então percebeu quanto ela estava triste. O sentimento de bondade e fraternidade tomou conta do coração de Tor.

— Senhora — disse ele —, vou até Híria. Preciso prepará-la para entrar em sua casa sem a presença do pai.

Tor saiu em direção aos três, enquanto Sara ficou olhando-o se afastar. Deus, seria verdadeiro o que lhe dissera o cigano? Estaria Híria com eles? Entrou, fechou a porta a chave e foi até o quarto, encontrando Liza caída no chão.

Esfregou-lhe os pulsos, molhou sua testa com água. Ela abriu os olhos. Sua voz estava fraca, mas ela balbuciou:

— Eu ouvi um homem dizer que trouxe notícias de Híria; por Deus, Sara, me fale.

Sara arrumou a doente na cama e deu-lhe um copo de água, ajudando-a a beber. Sara então disse:

— Liza, um jovem cigano esteve aqui e disse-me estar com Híria.

Liza, fazendo força, agarrou-se a Sara.

— Pergunte a ele onde ela está, pelo amor de Deus, Sara. Procure saber mais. Vá depressa, eu fico esperando por notícias.

O cachorro latia desta vez alegremente. As duas mulheres se entreolharam; o latido do perdigueiro era de alegria. Sara saiu e, olhando pela janela, mal pôde acreditar: era Híria. Estava sendo amparada por outra jovem, que se parecia com ela. Os dois homens estranhos eram muito parecidos também.

Híria entrou correndo, passou pelo jardim e gritou:

— Mamãe, mamãe!

Sara abriu a porta, recebendo-a nos braços e levando-a até o quarto da mãe. A luz fraca do quarto iluminava o rosto magro e pálido de Liza.

— Mamãe! — falou Híria, abraçando-a e beijando seu rosto.

— Minha filha querida, graças a Deus que você voltou para mim. — As lágrimas corriam pelo rosto de Liza.

Tor, Jardon e Berenice continuavam lá fora. Sara fechou a porta com medo. Alguns minutos se passaram, e Híria então lembrou-se:

— Onde estão eles, Sara?

— Lá fora, Híria. O que você combinou com esses ciganos, filha? — perguntou Sara.

— Eles são meus amigos, Sara. Graças a eles, eu estou aqui. — Foi lá fora e os conduziu para dentro. Pediu a Sara que os levasse para os quartos de hóspedes a fim de tomarem um banho e trocarem de roupa.

Tor, sorrindo, disse:

— Na pressa, esquecemos de trazer roupas.

Sara, já sabendo tratar-se de pessoas de bem, respondeu:

— Se Híria não se importa nem os senhores, poderão usar as roupas que o senhor Benn deixou. Há peças dentro das embalagens que nunca foram usadas.

— Sim, Sara, entregue as roupas novas para eles. Quanto à moça, pegue em meu quarto roupas novas também e leve para ela. Eu fico um pouco mais com mamãe, enquanto você cuida dos nossos amigos.

Jardon tinha a impressão de que estava sonhando. Estaria mesmo dentro da casa de Liza? Passou pela porta do quarto dela, estremecendo só de pensar que poderia revê-la.

Híria, abraçada à mãe, disse-lhe:

— Vamos ficar abraçadas. Não fale nada, não pergunte nada. Está tudo bem, nós estamos juntas outra vez. Papai ficará feliz sabendo que estamos juntas. Espero você melhorar; vamos ter muito tempo para conversar.

Liza, emocionada, perguntou:

— Filha, o que aconteceu com você naquele dia? E onde esteve todo esse tempo?

— Eu prometo lhe contar tudo, mamãe. É uma longa história. Mas vou esperar você melhorar; vai alimentar-se e voltar a viver. Eu lhe asseguro que nada de mal aconteceu comigo, fui bem tratada onde estive.

Liza tomou uma sopa; a presença da filha já lhe trazia forças. Sara ficou com Liza enquanto Híria foi ao encontro dos seus irmãos e do seu pai. Jardon estava absorto em seus pensamentos. Os sinos começaram a tocar; era a hora da Ave-Maria. Jardon não suportou a emoção e começou a chorar. Lembrou-se de que todos os dias nessa hora ele estava no alto da montanha olhando para o Vale em busca de Liza, e parecia um sonho que agora apenas uma parede o separasse dela.

À noite, Híria e os três visitantes se reuniram na sala de jantar. Sara olhava para eles e, sem saber o porquê, tinha um pressentimento de que alguma coisa havia entre eles. O que poderia ser?

Os três ficaram conversando, enquanto Híria foi ver a mãe. Esta já se sentia melhor. Tomou um chá e comeu algumas bolachas; estava animada. Híria estava em casa. Apesar de seu coração teimar em não esquecer aquele que era a metade de sua vida, ela iria viver apenas para a filha.

Dois dias depois da chegada de Híria, Liza banhou-se, vestiu-se e parecia ainda mais bonita. Estava magra, pálida, os cabelos escuros caíam-lhe nos ombros, os olhos negros e profundos lhe davam um ar de menina.

Híria a levou até o jardim. Sentaram-se num banco de frente para as montanhas. Híria começou a narrar a sua mãe o que acontecera no dia em que saíra de casa e fora até a divisa do Vale com as montanhas. Falou do encontro com Dandar, de sua estadia na casa de Thira e o encontro com Tor, Berenice e Jardon.

Falou de Jardon com muito carinho, disse saber que ele era seu pai. Liza ouvia e chorava em silêncio; por fim, Híria disse:

— Vou contar-lhe como e com quem voltei. Não quero emocioná-la nem chocá-la, mas volte-se e veja quem me trouxe para casa.

Tor olhava para Liza. Estava emocionado; ele sabia quanto ela fora discriminada pelo seu povo. Graças àquela mulher, ele tinha aprendido muitas coisas; graças a ela, seu povo estava mudando.

Ele tomou-lhe as mãos e, beijando-as, disse:

— Perdoe nosso povo, senhora Liza. Eles não sabiam o que estavam fazendo. Eu sou Tor, e esta é minha irmã gêmea, Berenice; somos filhos de Jardon.

Liza sentiu um calafrio percorrendo seu corpo. Apertou a mão de Berenice e teve a sensação de conhecê-la de algum lugar.

Liza sentou-se; estava emocionada e sem palavras. Os três jovens, num só coro, chamaram:

— Pai! Pai, venha até aqui, por favor.

Jardon apareceu no jardim e encontrou os olhos de Liza; os dois pareciam hipnotizados. Ficaram parados a uns metros de distância, olhando-se como se não acreditassem no que viam.

Híria pegou a mão de Liza e Berenice pegou a mão de Jardon. Levaram os pais frente a frente.

— Nós te amamos muito — as duas falaram juntas, e se retiraram, deixando-os sozinhos.

Jardon e Liza ficaram abraçados sem falar nada. Os dois choravam. Aquele era o verdadeiro amor de sua alma, diziam em seus corações. Sentaram-se no banco e ficaram conversando. Quando já era hora do almoço, Híria foi chamá-los.

Jardon tirou algo do bolso e pediu o pulso de Liza; colocou nele a pulseira de couro e pedras preciosas e, na frente dos filhos, disse-lhe:

— Você deixou cair naquele dia.

Passou-se uma semana do encontro de Liza com Jardon. Tor, com a ajuda de Híria, já havia negociado algumas pedras e juntado dinheiro suficiente para viajar. À tarde ele procurou o pai, dizendo:

— Daqui a dois dias parte uma excursão para fora do Vale. Devemos acompanhá-la.

Jardon falou com Híria e Liza, disse-lhes não poder ficar no Vale. Eles iriam provocar uma guerra entre o Vale e as montanhas. Teriam que seguir adiante, mas prometeu voltar para visitá-las, se assim fosse possível.

Berenice levantou-se e falou:

— Híria e Liza, venham conosco! Creio que a vida de ciganos não é tão difícil.

Híria olhou para a mãe e disse:

— Eu iria se você viesse.

Liza olhou para Jardon. Ele, implorando com os olhos, pedia: "Venha, meu amor, por favor, venha conosco". Liza não precisou pensar para responder:

— Se Híria concorda, partiremos com vocês.

Liza chamou o administrador da fazenda; confiava nele. Chamou Sara e alguns empregados antigos, repartiu tudo o que pertencera a Benn para os empregados, deixando Sara com a casa e alguns bens que lhe garantiriam viver o resto da vida sem dificuldades. Tudo acertado, Liza suspirou aliviada. Benn fora um anjo em sua vida; ela seria sempre grata a ele.

Sara ficou triste pela decisão de Liza em ir embora, mas conformou-se, dizendo para si mesma: "Ela merece ser feliz; carrega seu segredo, assim como eu carrego o meu. Deus há de me perdoar, e um dia Ele também vai entender que não contei a verdade do seu nascimento para protegê-la".

Eles partiram alegres. O povo do Vale comentava:

— Pobre Benn, se não tivesse se metido com aqueles ciganos miseráveis, ainda estaria vivo. Ainda bem que foram embora do Vale; tomara que nunca mais voltem.

Dois meses depois eles estavam em suas carroças bem ornamentadas e, por onde passavam, o povo gritava:

— Ciganos! Olhem lá os ciganos.

Andavam sem pressa, paravam para observar a paisagem, desenvolviam os trabalhos das montanhas pelas estradas por onde passavam, eram admirados e respeitados.

Três anos transcorreram para eles. Os ciganos já eram mais de quinhentos, e o chefe era um homem justo, correto e bondoso. Esse era o comentário daqueles que conheceram o chefe Jardon e sua família.

Liza era amada e respeitada por todos. Jardon não decidia nada sem consultá-la; ele tinha orgulho de dizer em público:

— Ela é minha alma gêmea; a minha palavra não tem valor sem as palavras dela.

Berenice casou-se com um cigano que tinha vindo do lado do Oriente. Ele contava que seu povo fora obrigado a descer as montanhas de neve porque estas começaram a derreter, então seu povo começou a correr o mundo.

Tor era o cigano guerreiro. Tocava violino, lapidava pedras e trabalhava derretendo e fundindo peças de ouro, transformando-as em joias belíssimas. O pai orgulhava-se dele; era inteligente, forte e valente, nada temia pelas estradas.

Casou-se com uma belíssima cigana morena de cabelos negros e lisos, descendente de uma tribo vinda do Oriente. Ao lado do pai, Tor se destacava. Jardon sabia que um dia seu filho seria um grande e respeitado chefe para seu povo.

Híria casou-se com um cigano amigo e parceiro do irmão no violino e nas armas.

Enfim, Jardon, abraçado a Liza, observava os filhos satis-feito; eles estavam felizes.

À noite, Jardon saía e ficava sentado olhando para o céu, observando as estrelas e pensando nas palavras de Dandar: ela lia as mensagens das montanhas mães escritas nas es-trelas do céu. Se ele tivesse a mesma sabedoria da sacerdo-tisa, poderia ler e ficar sabendo o que tinha acontecido nas montanhas mães.

As montanhas o tinham castigado, tinha absoluta certe-za disso. Por mais que mentalizasse e pedisse aos espíritos amigos, como a própria Dandar, que sempre lhe aparecia em sonhos, não sonhava e não tinha mais nenhuma visão do seu povo.

Relembrava com saudade da sua infância. Como era dife-rente aquele mundo nas montanhas! Seus pais, seus amigos, Bir, que fora um anjo em sua vida... Por que ele não sonhava mais com ela?

Fechava os olhos e viajava até as montanhas; parecia ver e ouvir o movimento da vida nelas. Lembrava-se das tardes ao pôr do sol, quando ficava ouvindo a sinfonia da Ave-Maria no alto da montanha mãe.

Ele tinha sido o chefe de sua tribo e, como guia do seu povo, sentira muito orgulho. Se não fizera o melhor pelo povo das montanhas, haveria de fazer o melhor possível pelo povo das estradas; era o chefe dos ciganos.

Pensava em Jesus Cristo. Pena que não chegara a ver de perto aquele homem amigo e valente que andava também como um cigano, não se acomodando em nenhuma morada. Jesus Cristo também tinha saído de sua terra, de sua casa. Jesus, por amor, tinha deixado seus parentes.

Ele também havia descido das montanhas para o Vale por amor; faria o mesmo que fizera o homem de Nazaré: aceitaria todos aqueles que buscassem sua ajuda, daria proteção a todos de sua caravana; pouco importava de onde viessem, ele os receberia, e assim seria. Novos retirantes chegavam e eram aceitos na caravana de Jardon, e assim aumentava a população cigana.

Tornaram-se os ciganos mais ricos e conceituados da história. Foram várias tribos idênticas à de Jardon que se uniram. Foram muitas culturas que se misturaram, com seus filhos falando uma só língua.

Carmelita, filha de Berenice e neta preferida de Jardon, conta-nos que até hoje seu povo caminha pelo mundo. Ela afirma que seu avô, com toda a caravana, voltaram ao Vale e ficaram sabendo que nunca mais os homens das montanhas vieram ao portão do Vale. Aquela civilização isolou-se do resto do mundo por completo.

Conta Carmelita que as gerações se passaram, e as montanhas transformaram-se em enormes pedras de gelo. Quem vê as montanhas de gelo hoje não pode acreditar que um dia ali já existiu uma grande civilização.

O Vale, com seus sinos deslumbrantes, que outrora chamavam o povo para adorar a Deus e à Virgem Santíssima na hora da Ave-Maria, hoje também é um mar de gelo, sendo explorado por pesquisadores que buscam os indícios da civilização extinta.

Carmelita sorri e parece estar vendo o Vale dos Amores, as montanhas que ela conheceu tão bem. Ela sorri, apenas sorri, lembrando-se de que um dia, como Dandar, tinha sido muito feliz naquelas montanhas.

Como cigana, ela percorreu o mundo, várias vezes retornou à Terra, em lugares altos e baixos, mas nunca esqueceu as melhores passagens de sua vida: Dandar e Carmelita. Como Dandar, ela aprendeu a amar a Deus sobre todas as coisas e, como Carmelita, aprendeu a amar a todos os filhos de Deus como seus irmãos verdadeiros.

Nada mais justo que, após tantas caminhadas pelas estradas deste nosso mundo, ela voltasse a ser Carmelita, amando e amparando com a grande sabedoria de Dandar.

Nos terreiros de umbanda, a cigana Carmelita se apresenta com um sorriso divino e acolhedor; não há malícia em seus olhos, não há maldade em suas palavras. Encontramos um brilho de esperança em seus olhos.

Ela anima, ensina e incentiva todos os filhos de Deus a encontrarem o caminho da paz interior. Sua humildade é tão grande que chega a nos comover. Ela sabe preparar o caminho para seus filhos andarem em segurança, e adverte sempre:

— Nós mostramos os caminhos do bem e do mal, ensinamos até onde o homem pode decidir por si mesmo e mostramos a linha de limitação entre as ações do homem e as de Deus.

As montanhas se cobriram de gelo, guardando os restos de uma civilização extinta. As montanhas se fecharam para sempre, guardando seus segredos, seus mistérios.

O Vale transformou-se num mar de gelo, guardando os segredos do passado de muitas almas. Tantas vidas se cruzaram no Vale, tantas histórias de amor, riquezas e vaidade.

Tudo passou, o mundo mudou, os personagens desta história nos falam do homem de Nazaré. Um profeta já escrevia sobre Ele mesmo antes de sua chegada à Terra; alguém já descrevia toda a sua trajetória, citando nomes, lugares, falando de suas reformas de vida, falando do seu grande amor pela humanidade.

Jardon e Liza espalharam as sementes de fé, renúncia, trabalho e amor pelos quatro cantos do mundo.

As tribos ciganas que nasceram da descendência de Jardon e Liza carregavam a herança deles dois: quem ama supera todos os obstáculos. Quem ama também é capaz de renunciar a benefícios próprios em favor dos outros.

Tor, o filho de um homem comum, que se destacou pela coragem e pelos bons princípios morais herdados de sua família, trouxe para o homem atual uma grande ajuda. Ele mostrou pela sua conduta de vida que liberdade com responsabilidade é necessário na formação do caráter de um homem.

Tor mostrou que não é a idade que faz o homem, e sim seu caráter, sua conduta de vida e seu interesse em atualizar-se com as necessidades do mundo.

Berenice é o retrato vivo de amor, companheirismo e dedicação. Com ela aprendemos a aceitar qualquer irmão, sem discriminação ou preconceito pelo seu nascimento.

Híria nos ensinou que a persistência às vezes provoca situações favoráveis e desfavoráveis; que cada um deve assumir os riscos de suas atitudes. É preciso que cada um de nós reflita: quando envolvemos as pessoas em situações que provocamos impensadamente, estamos obrigando estas pessoas a sofrerem as consequências de nossa irresponsabilidade.

Os mais velhos daquela tribo deixaram uma incógnita: Até onde desconhecemos os desígnios de Deus?

As sacerdotisas das montanhas provaram que a vida de um homem é moldada por sua fé. Elas nos ensinaram que é impossível servir a dois senhores ao mesmo tempo; devemos escolher sempre um deles: ou servir a Deus, com fé, amor e renúncia, ou ausentar-se Dele. É impossível dizer "Eu creio em Deus!" e atentar contra Seus princípios e Suas leis.

Quantas coisas bonitas esse povo nos ensinou em uma curta história. Quantas saudades deixaram em nossas lembranças.

A simplicidade de cada um deles se assemelha à nossa nos dias de hoje. Há mais uma coisa entre eles e nós que podemos comparar: o desejo de viver em paz.

Para os estudiosos desta nova ciência, a umbanda, deixo um alerta: estudem um pouco mais sobre o povo cigano, tragam para a umbanda um pouco da essência que foi deixada para trás: as histórias dos povos ciganos.

Ouçam o que lhes dizem os mais velhos; as experiências deles nos ajudam muito a seguir adiante com segurança.

Carmelita, a boa e séria cigana, quando aparece nos terreiros de umbanda, semeia novas sementes para o povo do tempo presente. Ela nunca vem só; sua tribo está presente, os mais velhos estão presentes.

Liza, Jardon e Tor observam o ambiente, olham atentamente para cada rosto, parece que estão procurando alguém.

Será que buscam alguns de seus antepassados entre nós? Tor parece que reconheceu alguém, chama a atenção do pai, fala baixo, aponta alguém; seu pai parece interessado.

Liza chega mais perto de uma moça, toca seu braço, esta a repele. Liza afasta-se; não, não é ela, não pode ser ela. As almas amigas, ao se roçarem, se reconhecem.

Jardon chama Liza e aponta alguém. Ela se aproxima devagar, toca seu rosto, e imediatamente a moça chora de emoção. Foi tomada por um sentimento puro, bom, nunca sentiu antes tamanha emoção.

Liza abraça a moça e fala baixinho:

— Minha mãe das montanhas, eu te encontrei novamente, depois de tanto tempo!

Tor aproxima-se de Liza e fala baixinho:

— Aquele ali é seu antigo companheiro.

Liza o chama:

— Benn! — Ele olha para os dois lados; não reconheceu a moça. Não se lembra daquele nome, mas sentiu algo estranho.

Eles ficam observando Carmelita trabalhar. Jardon pensa e fala alto:

— Ela nunca deixou de ser uma sacerdotisa! Como me orgulho de acompanhá-la.

Quando se encerram os trabalhos no terreiro de umbanda, os ciganos também se preparam para partir. Liza olha para aquela casa da mesma forma que olhava para o alto da montanha: sentindo saudades. Sua protetora de outrora não segue entre os guias, mas segue com o povo da estrada; ela está encarnada.

Os olhos de Liza se enchem de lágrimas. Jardon, abraçando a moça, diz:

— Tenha calma. Lembre-se da felicidade que ela terá quando abrir os olhos no mundo dos espíritos e encontrar você. Devemos segui-la em silêncio; vamos guiá-la pelo caminho certo, vamos animá-la a prosseguir. Não podemos aparecer agora; iríamos atrapalhar sua missão.

Os dois caminham abraçados, e Jardon continua falando:

— Eu a admiro muito, sempre foi a mãe dos filhos de outras mães. Ainda bem que Dandar está com ela; me alegra tanto saber que as duas são irmãs espirituais!

Os ciganos seguem andando. Carmelita brinca com Tor, dizendo:

— Se você estivesse encarnado, seria o maior detetive. É assim que os homens encarnados no mundo de hoje chamam as pessoas que desvendam mistérios e segredos: detetive. Então você descobriu Benn entre os encarnados?

— Foi fácil localizá-lo, ele ainda é um homem triste, apesar de estar ciente da luz de Deus. Busca uma resposta dentro de si mesmo; quer entender a razão da vida e da morte.

— Por acaso, Tor, não encontrou nenhuma pista de Thira?

— Bem, eu tive as minhas dúvidas... Liza foi até a moça que eu achava ser Thira, mas desta vez acho que me enganei. Ela nos virou as costas. Será possível que os mais velhos não reconheceriam um de nós?

— Tor, lembre-se do sofrimento dela ainda no alto daquela montanha! Talvez ainda carregue algumas sequelas daquela passagem.

Tor ficou em silêncio. Relembrava o que ficara sabendo sobre Thira. Ela havia se comprometido em descer com Híria até o Vale. Era a sacerdotisa das montanhas, não tinha como se enganar; até as serpentes rasteiras informavam-lhe sobre os acontecimentos da terra. Ela lia nas estrelas o que iria acontecer com sua tribo; o chefe confiava plenamente nela.

Naquele dia em que Tor desceu com seu pai nas costas montanha abaixo, a sacerdotisa, envolvida pelos sentimentos da emoção por ter encontrado Jardon, o amor de sua alma, não enxergou e não ouviu as mensagens daquele dia.

Ela se deixou envolver pela emoção, foi atingida pela cegueira da matéria, e ele, Tor, foi beneficiado por isso. Completou todo o seu trajeto sem ser visto pelos olhos da sacerdotisa. Os olhos da sacerdotisa em terra eram os olhos de todos os animais das montanhas, e, espiritualmente, os espíritos dos mais velhos desenhavam nas estrelas o que eles sabiam.

No mundo dos espíritos, ao encontrar-se com seus parentes das montanhas, ficou sabendo do sofrimento pelo qual passou Thira. A fuga de Jardon e dos filhos foi interpretada como traição; o chefe da tribo entendeu que a sacerdotisa facilitara a saída deles.

O colar das três montanhas, ao ser atirado de volta, partiu-se ao meio, abrindo as montanhas também ao meio. A sacerdotisa foi julgada e condenada culpada, sendo destituída do cargo e afastada da tribo.

Ela viveu sozinha o resto dos seus dias; vivia descalça, com roupas esfarrapadas, e era vista entre as pedras das montanhas, pois ficara sem casa onde pudesse abrigar-se.

Acredita-se que ela enlouqueceu e desencarnou carregada de tristezas e mágoas pela injustiça de que fora vítima.

Os mais velhos mandaram empurrar todas as pedras que rolaram das montanhas partidas em direção à saída para o Vale, assim todas as entradas e saídas desapareceram.

Os montanheses foram isolados do resto do mundo; não se sabe ao certo quanto tempo resistiram vivendo isolados das outras civilizações. Mas o fator que eliminou os filhos das montanhas foi a infiltração de água entre as montanhas partidas ao meio. Essa água foi se transformando em geleiras, matando a vida vegetal, animal e humana.

Carmelita toca o braço de Tor, tirando-o de seus pensamentos.

— Tor, tenha calma. Aos poucos, estamos resgatando todos. Dê tempo ao tempo. Se aquela moça guarda o espírito de Thira, nós vamos ficar sabendo na hora certa. Não vamos desistir da nossa missão.

— Tem razão, Carmelita. É que me sinto triste quando penso que causei tantos sofrimentos. Eu queria mudar a história do meu povo e acho que consegui; só não sei se foi uma história melhor ou pior do que a que eles viviam. Não vou desistir do meu trabalho; quero reunir todos os membros daquelas montanhas e seguir com eles por uma estrada segura: a estrada da luz, a estrada da vida e da esperança.

— É assim que se fala, meu amigo. Vamos seguir. Essa é a nossa missão: juntar os mais velhos com os mais novos...

Jardon e Liza lembram-se de um detalhe: aquela moça encarnada agarrava-se à Carmelita e pedia ajuda; ela parecia triste e doente...

— Aquela moça é Thira. Precisamos ajudá-la — diz Liza para Jardon.

O sol continua brilhando no céu. As crianças continuam nascendo e muitas delas sendo rejeitadas. Os homens continuam brigando entre si por causa da terra, pensava Liza.

E, terminando este relato de amor, eu penso: O amor continua unindo as almas... Jesus está vivo entre nós.

Os espíritos ciganos estão nos templos, procurando pelos amigos. Fique atento! Você pode ser um desses amigos procurados pelos ciganos.

Mensagens de Salem

O tempo nos mostra como a vida é a maior obra de Deus, que não podemos mudar as obras do Pai Criador, mas podemos contribuir com ela, amando aos nossos irmãos e os reconhecendo onde eles estiverem, encarnados ou desencarnados; diante de Deus somos todos iguais.

Jardon continua sendo aquele espírito bondoso e apaixonado pela vida, um grande incentivador, um líder espiritual guiando centenas de outros irmãos pelas constelações. Como ele nos diz, há muitos caminhos traçados no céu, são os mapas que determinam as rotas do nosso destino; e o Cruzeiro do Sul, tão visível nas terras do Brasil, é um dos mais lindos caminhos que formam a entrada da constelação onde os espíritos ciganos descansam e se refazem após suas longas viagens astrais.

Jardon ou Salem, o mesmo ser de luz, o grande chefe das suas tribos em terra, o mesmo líder espiritual de sempre, conhecedor de muitas magias ancestrais, o cavalheiro que encanta a todos com suas sábias palavras.

A seguir, algumas mensagens de Salem.

Salve todos ciganos e não ciganos, reunidos e envolvidos por essa energia celestial, permitida por forças supremas e superiores. Estamos juntos mais uma vez, cobertos pelo manto dos mistérios que nos envolve desde o infinito, ao ponto onde nos encontramos.

Salve a mãe terra que sustenta e mantém a vida sobre todas as formas.

Salve o fogo sagrado!

Renovação e fé em nossos caminhos, mantendo-nos de pé pelas estradas!

Salve o Vento!

Soprando do Oriente ao Ocidente, limpando nossos caminhos, facilitando nossa passagem.

Salve as Águas!

Em sua transparência e leveza, são a fonte da vida.

Agradecemos ao GRANDE PAI por Ele ter concedido a cada um de nós a permissão de envolver-se neste dia de hoje com todas as tribos ciganas, Oriente e Ocidente, unindo todos os povos na intensidade da mesma LUZ.

Nessa sintonia maravilhosa, só posso desejar a cada um de vocês que absorvam esse fluido vital de amor, alegria e renovação estendido a todos pela magia e sabedoria do nosso povo.

Gratidão, amigos, que o tempo não diminua nossa amizade, que não haja distância entre nós; que nossa amizade seja eterna.

O QUE PODE DESTRUIR UMA AMIZADE?

O tempo?

A distância?

Ou a eternidade?

Na verdade, nenhum dos três pode destruir ou acabar com uma amizade!

A AMIZADE cresce com o tempo!

A AMIZADE vive na distância e permanece na eternidade!

Vamos fazer dessa hora um momento valioso, algo que desperte em todos novos sentimentos, e que essas energias nos levem não apenas a sonhar, mas a acreditar e realizar mudanças valiosas e positivas em nossas vidas.

Não há força maior que os laços da verdadeira amizade; os amigos nos levam aos caminhos do amor, e este é a base da vida.

Divido e brindo com vocês essas energias singulares de tanta importância para nós, ciganos. Vamos apreciar com muito respeito e admiração a beleza permitida neste espaço onde o ar está exalando o perfume do amor. Os ciganos não medem esforços para fazer o melhor quando estão cercados por uma fonte que emana alegria, força e poder.

A liberdade é a maior riqueza para um cigano! É poder de escolher ser feliz e fazer outros irmãos felizes; chamamos essa força de liberdade!

A cultura dos ciganos é amar e distribuir amor por onde passa; os ciganos têm a música e a dança como instrumento de fé e de honra, zelamos, defendemos nossas mulheres, nossas crianças, nossos mais velhos, e nossos convidados são sempre prioridade entre nós.

Agradeço em nome de todas as clãs ciganas, Oriente e Ocidente, em nome de todos os ciganos me curvo em reverência aos sábios homens representantes de nosso Pai, os líderes religiosos aqui presentes, juntos vamos distribuir bênçãos de luz, ancorados pela força do ar, da terra, do fogo e da água.

Saudações às mulheres ciganas e às não ciganas, na alma são todas irmãs de uma só tribo, mulheres que cobrem seus rostos e cabeças e chamam nossa atenção, mulheres movimentando seus corpos ao som da música, e na dança nos lembram de um oásis, as dunas de areia no deserto confundindo nossos olhos entre o real e o irreal com suas saias de cores vibrantes, que nos remetem ao pôr do sol cercado de um arco-íris, seus lenços leves e coloridos lembrando o deslizar das serpentes no deserto, pura beleza, encanto e magia...

Nesse grande acampamento somos todos irmãos; ciganos ou não ciganos, somos filhos do mesmo Pai. Ele construiu para nós essa grande tribo chamada terra.

Salve a força de cada um, unidos seremos reconhecidos como um povo livre e forte! Salve todas as nações, todos os povos em união!

Gratidão à grande constelação concedida aos povos ciganos.

Com a chegada da primavera as flores se multiplicam, a vida se torna mais alegre. É hora de sairmos de dentro de nossas tendas, estendermos nossos braços e nos misturarmos com a alegria que se espalha pelas estradas, convidando-nos a cavalgar com nossos sonhos.

É o ciclo do ar, é o frescor da primavera que desabrocha nesta mãe terra, nos animando a começar uma vida mais alegre, ter mais fé e confiança em um amanhã melhor. Vamos olhar para frente, deixe o vento levar todos os desencantos.

As ciganas com as suas saias lembram as flores perfumadas que, tocadas pelo vento, espalham suas essências, despertando ao seu redor sentimentos variados.

É primavera, o vento canta forte, soprano, penso e peço: que a sua melodia seja para esta nação um novo despertar, um acordar consciente, homens com uma nova visão.

Seja o novo homem um livro aberto com suas páginas em branco, seja o novo homem um ser livre para escrever sua própria história. Seja essa liberdade com consciência, que irmãos respeitem os irmãos que trilham a mesma estrada.

Pelas estradas da vida, muitos amigos eu fiz. Os ciganos, por ondem passam, deixam marcas registradas no coração de quem com eles trocou um aperto de mão e um abraço.

Deixo um abraço em cada irmão, os sinceros agradecimentos do povo cigano, assim somos.

"Use as primeiras horas do seu dia para fazer seus pedidos aos ciganos da luz dourada. Imagine uma luz dourada descendo sobre você e se expandido à sua frente como raios de sol."

"Antes de se deitar, faça uma prece. Agradeça a Deus pela sua vida, lembrando que a cada dia que amanhece recebemos uma chance de mudar tudo. Use essa prece a seu favor. Se precisar mudar algo em sua vida, confie em Deus, vá em frente!"

"Dê mais importância a você mesmo, ninguém pode ser mais importante que você quando se tratar de sua vida, de suas escolhas, de suas decisões, apenas você é responsável diante de Deus por todas as coisas que venha a praticar."

"De vez em quando é bom deixar que as lágrimas desçam de seus olhos, ouvindo uma música, lembrando de algo ou de alguém. Chorar de emoção é uma terapia para a alma, lágrimas de saudade são colhidas e transformadas em flores pelos anjos do amor."

"Renove as suas forças, rodeie a fogueira sagrada afirmando em sua mente: que o espírito do fogo purifique o meu corpo físico e espiritual, me libertando de todos os males."

"Nenhum mal é para sempre. Por maior que sejam as suas causas, o bem sempre é o vencedor. Se você está atravessando um momento de dificuldades, não desanime, não se deixe levar por energias negativas, que sempre provocam muito males. Pense em Deus, ele é o nosso maior bem."

"O diabo é tão conhecido quanto nosso Deus Pai Criador. O mundo inteiro conhece os dois. A diferença é que um é o bem e o outro é o mal. Conhecendo os dois, devemos fazer as nossas escolhas, ande sempre com pessoas do bem, seja sempre uma pessoa de bem, andará sobre a proteção dos anjos, santos, seres celestiais do reino de Deus."

"A maior oração muitas vezes é recitada em silêncio pela nossa alma. Quando apertamos a mão de alguém, quando trocamos um abraço, essa energia de amor, carinho e amizade faz o que milhares de falsas e bonitas palavras nunca fariam."

"Se você está buscando um caminho ou se sente perdido no caminho onde se encontra, pare... Olhe para sua frente. Olhe para o seu lado direito, para o seu lado esquerdo, olhe para trás... Eleve o seu pensamento ao altíssimo e de olhos fechados imagine: para Deus não há caminhos fechados, vou encontrar a saída."

"Entre o céu e a terra há coisas que os nossos olhos físicos nem sempre podem enxergar. Sabemos que existem milhões de partículas no ar que respiramos e a olhos vivos não as enxergamos. Assim são os fluidos da espiritualidade: podemos estar recebendo bons fluidos, e a oração diária nos mantém em sintonia com bons espíritos. Cuide de sua espiritualidade."

"Somos simplesmente viajantes atravessando deste lado para o outro, levando conosco o que deixamos para trás em outras ocasiões. Cada um leva a sua cruz, algumas mais pesadas, outras mais leves, alguns trechos mais difíceis, outros mais fáceis de andarmos. Quando andamos com fé, humildade, amor e aceitação desses fatos, encontramos forças para superar todos os obstáculos."

"É mais fácil atirar pedras do que recolhê-las. Porém, é mais rico aquele que recolhe pedras do que aquele que as atira. Com as pedras recolhidas em seu caminho você pode construir uma ponte que o levará às alturas. O tolo atira pedras sem conhecer o valor delas."

"Não devemos julgar nossos irmãos porque fazem isso ou aquilo que não fazemos; não estamos dentro de outro ser e por isso não podemos entender o que se passa em seu interior. Todos os seres encarnados erram, pecam, têm segredos, e nós não somos diferentes deles... Somos todos iguais, amados e abençoados pelo mesmo pai."

"Todos nós já fomos enganados ou já nos enganamos com alguém. E pode ser também que já fomos a causa dos enganos de outras pessoas a respeito de nós mesmos. As pessoas nem sempre nos veem como de fato somos. Porém, o mais importante é você nunca deixar de você para agradar os demais."

"A maior beleza que existe em nós nem todos podem enxergar: está em nossa alma, e essa só pode ser vista por quem é iluminado. As almas afins se encontram mais cedo ou mais tarde."

"Às vezes sonhamos em alçancar uma estrela no céu e passamos toda nossa vida apenas sonhando, deixando de viver, perdendo outras oportunidades que estão próximas de nós. Agarrados a sonhos impossíveis, não nos permitimos viver o que é possível e está ao nosso alcance. Lembre-se: mais vale um vaga-lume em terra iluminando nosso caminho do que uma estrela piscando no infinito distante de nós a anos-luz."

"Não podemos perder a esperança de encontrar o que buscamos em nossos caminhos. O que você deseja encontrar neste momento atual? Um emprego? Um amor? Seja o que for que esteja buscando, não desista e tenha muita fé. Quando desejamos muito algo, o universo trabalha a nosso favor, acredite, confie, insista, que vai acontecer."

"O sofrimento é como uma tempestade: dura um tempo maior ou menor, causa danos, mas passa. A marca deixada pelo sofrimento serve como uma muralha, não sofremos tanto pelos mesmos motivos caso venha a acontecer novamente. Isso prova que somos resistentes, que temos um poder imenso dentro de nós, que somos capazes de superar grandes obstáculos e vencer muitas batalhas."

"Ouvir as pessoas é muito mais fácil do que ouvir a nós mesmos. São raras as pessoas que param para meditar, refletir, mergulhar dentro de si mesmas e ouvir o eco de suas almas. Cometemos muitos erros em nossas vidas porque não ouvimos o nosso 'eu'."

"Se hoje as coisas não estão acontecendo do jeito que você deseja, não desista de buscar o melhor para si. Porém, preste atenção se está seguindo pelo caminho certo. Às vezes queremos alcançar o topo de uma montanha e não tiramos o olhar do vale."

"Se fôssemos todos iguais, a vida não teria sentido algum. A grandeza de cada um está nessa diferença, o que precisamos mesmo é encontrar pessoas diferentes de nós, com pensamentos e atitudes que venham completar o que está faltando em nós."

"O homem nasceu para se libertar e, uma vez livre, ajudar outros irmãos a encontrar os caminhos da liberdade. Ser livre não quer dizer 'irresponsável'; ser livre quer dizer compreender a si mesmo e aos demais. O preço da liberdade só é compreendido por quem já se libertou e preza sua liberdade."

"Ser ou não ser, eis a questão... Ser verdadeiro em todos os sentidos não é fácil neste mundo conturbado em que vivemos. Nem sempre podemos falar todas as verdades, às vezes temos que omitir nossos sentimentos porque ser verdadeiro vai magoar, vai machucar, vai ofender. Se não podemos expor as verdades, também podemos evitar as mentiras, aí entra a sabedoria do saber viver..."

"Se não podemos ter tudo o que desejamos, vamos lutar para ter tudo o que precisamos. Nem sempre precisamos da amizade de certas pessoas, da companhia de outras, de joias e de mansões. Na verdade, tudo o que precisamos é: paz, amor, tranquilidade, liberdade e amor-próprio! Esse é o mais forte de todos os amores! Tem muitas pessoas infelizes carregando ouro no pescoço, cofres cheios de tesouros; por outro lado, encontramos pessoas que de riqueza só têm a vida, e andam cantando e sorrindo, felizes da vida!"

"Se você está amando alguém, ame hoje com muito mais intensidade do que ontem, não pense no amanhã. Quando se trata de amar, não podemos revolver nada do que passou, não devemos planejar pelo que virá depois. O amor só é vivido por inteiro quando não há cobranças; somos livres para amar. O amor não se compra, ele simplesmente surge em um olhar, uma palavra, uma ocasião. Quem ama não precisa pedir perdão."

"Não lamente os momentos que você dedicou a alguém que o traiu, que lhe virou as costas. Esses momentos foram importantes para você, permitindo-lhe amar e sofrer, e o amor e o sofrimento são os melhores mestres que nos preparam e nos ensinam a não cometer as mesmas loucuras do passado."

"Não desista de ser feliz. Sua idade não importa, seu passado não conta, seus erros já têm esse nome: 'seus erros'. E nossos erros não nos impedem de buscarmos os caminhos da felicidade. Todos os seres encarnados têm o direito de dividir com outros seres encarnados momentos de alegria, prazer, amor e felicidade."

"Nem sempre podemos agradar a todas as pessoas, assim como sabemos que não agradamos a todas elas. Não devemos deixar de praticar aquilo que está em nossos corações, preocupados em desagradar alguém. O mais importante é ter a consciência tranquila e não perder o seu precioso tempo em saber se está agradando ou desagradando alguém."

"Com os seus amigos verdadeiros, não há com que se preocupar. Você deve voltar sua atenção é para aqueles que são seus falsos amigos. Esses o bajulam, aplaudem o que você faz, elogiam sua beleza, seus talentos, mas, no fundo, esperam só uma primeira oportunidade para se lançar contra você – de falsos amigos, passam a ser seus inimigos públicos."

"Devemos ter cautela em nossos julgamentos; nem sempre estamos certos quando julgamos alguém. As pessoas erram e nós também erramos. É por isso que devemos ter sempre cautela antes de dar a sentença, consultando algo chamado: perdão! Ele faz o papel de advogado de defesa tanto de um lado quanto do outro. Muitas pessoas sofrem e são infelizes todos os dias de sua vida por não terem ouvido esse advogado chamado perdão."

"Quando perdoamos alguém que tenha nos ofendido gravemente, estamos abrindo uma porta no céu. O perdão não é uma tarefa fácil, nem para quem o pede, nem para quem perdoa. Quando ambas as partes se perdoam de verdade, limpando todos os resquícios de dor e sofrimento, esses seres são elevados aos olhos do criador. Perdoe e seja perdoado. Se você carrega mágoas em seu coração contra alguém que o machucou, crie coragem e lhe conceda o perdão. Verá que leveza vai sentir em seu coração."

Quando a vida lhe parecer difícil, pense em milhares de outros seres que dariam tudo para estar em seu lugar. Se você está saudável, milhões deles queriam essa riqueza. Se você tem um trabalho, milhares gostariam de ter essa oportunidade. Se você tem família, centenas de irmãos dariam tudo para ter um ente querido a seu lado. Se você está atravessando uma dificuldade? Seja firme, seja forte, invoque uma força chamada Deus, e tudo se transformará, seja lá o que for."

"Há dias em que choramos, em outros sorrimos. Há tempos em que perdemos, e noutros ganhamos. É esse o verdadeiro sentido da vida: conhecer os dois lados do caminho para entender a caminhada e assim optar lá adiante sobre o sentido em que se deve andar. Tudo passa: alegrias e tristezas, dores,

riquezas, poderes; apenas um é para sempre: nós! Valorize-
-se! Nada é mais precioso que a sua vida."

"É muito mais feliz aquele que amou do que aquele que, sendo amado, não entendeu, não aprendeu o que é amor. Ame sempre, o amor é de quem ama, e não de quem recebe. Se você amou muito alguém que não soube compreender esse sentimento, não se desespere e creia: é sempre mais feliz quem mais amou... Tente outra vez, tente várias vezes, não desista jamais de amar e ser amado."

"As oportunidades existem, as chances se abrem todos os dias a nossa passagem, muitas vezes não nos damos a chance de tentar um novo amor, uma nova vida, uma nova amizade. Está sentindo um vazio dentro de você? Procure preencher com algo que venha trazer alegrias, ânimo, paz, amor, e que você possa compartilhar tudo isso com muitas outras pessoas."

"As religiões não levam ninguém ao céu ou ao inferno. Elas ajudam as pessoas a encontrarem dentro de si um ponto de luz chamado fé, e é esse caminho que nos leva ao criador. Portanto, todas as religiões são boas, nenhuma delas garante ao fiel uma entrada exclusiva no céu. As religiões promovem aos fiéis um encontro consigo mesmos, uma opção de se re-ligar com seu 'eu' verdadeiro: o espírito."

"A maior oração que podemos professar é aquela guardada em nosso coração. A oração pode ser feita em silêncio. Deus ouve nossos pensamentos, enxerga nossos corações, co-nhece nossos desejos; não precisamos gritar nem escrever palavras difíceis acreditando que assim seremos ouvidos pelo Senhor. Entregue seus pensamentos ao Pai e fielmente fale com Ele em seu coração."

"Não somos levados a lugar nenhum sem o conhecimento e a vontade do Pai. Aproveite a oportunidade de ter vindo a essa fogueira; simplesmente leve seu pensamento a Deus e agradeça a oportunidade de estar aqui. Quantas pessoas gostariam de trocar esse momento com você. Vá até a fogueira, dê uma volta nela, agradeça e peça em seu coração saúde, paz, amor, alegrias, fartura e vida longa."

"Em volta dessa fogueira sagrada muitas pessoas já foram curadas na matéria e no espírito. Algumas pessoas se olharam pela primeira vez e estão juntas. Seres que vieram até aqui pela vontade de Deus e encontraram os seus pares. É força do amor unindo os seus filhos pelos laços do coração. Quantas histórias de amor registradas na memória desta sagrada fogueira."

"Nesta noite mágica, cheia de tantos encantos, tudo pode ser mudado, revertido. Se você busca um amor, vá até a fogueira, dê uma volta nela com toda a força do seu coração, peça ao povo cigano, aos encantados do Oriente, que abram as linhas do seu destino, que lhe tragam alguém para preencher esse vazio. Se você já recebeu essa bênção, se tem alguém que ama do seu lado, então peça que eles renovem os laços que unem vocês dois. O povo cigano sabe valorizar o amor."

"Se você está aqui, acredite: há um propósito de Deus para você. Não saia daqui sem firmar essa aliança com Deus; humildemente peça saúde, amor, alegrias, paz e prosperidade. Peça ao Pai que lhe mostre os caminhos que o levarão a Ele. Nada é por acaso, e sua presença entre nós foi programada pelo plano superior."

"Perdemos muito tempo pensando em quem nem ao menos se lembra de nós. Dedicamos muito tempo de nossas vidas insistindo e desejando um amor que nunca será nosso. Precisamos ter forças e coragem para terminar relações sofredoras e iniciar novas histórias de amor. Quando não temos coragem de tomar atitudes, sofremos e fazemos outras pessoas sofrerem."

"Se você nunca abraçou aquela pessoa, como vai saber a força que tem o seu abraço? Se você nunca ouviu como fala aquela pessoa, como vai saber se vai gostar de suas palavras? Se você não fechar os olhos e sentir a essência de outro ser, como vai descobrir as diferenças que existem entre todos os seres? Se não se der uma nova chance no presente, como poderá esquecer o seu passado?"

"A felicidade tem um endereço certo: nosso coração! Para que recebamos essa correspondência divina em nosso coração, é necessário tê-lo sempre aberto ao amor. Podemos receber e doar de outros corações essa dádiva chamada amor. Quem está aberto a esse sentimento tem mais chances de encontrar pessoas afins com os seus desejos e intenções."

"Se fôssemos todos iguais, não precisaríamos de outra pessoa para nos completar; já saberíamos tudo um do outro. O bom dessa diversidade criada por Deus é que podemos trocar, dividir, somar com outra pessoa aquilo que sentimos necessidade no físico e no espírito. Aprendemos a conhecer nossos erros convivendo com outras pessoas, aprendemos a respeitar e aceitar os erros alheios porque também temos muitos erros."

"Quando exigimos demais das pessoas, corremos o risco de sermos excluídos da vida delas. Para obtermos os resultados que desejamos de alguém, em vez da 'exigência', devemos usar a 'conquista'! Quando conquistamos a confiança de uma pessoa, é cem por cento certo que não precisaremos fazer exigências para obtermos tudo aquilo de que necessitamos."

"A felicidade existe e está dentro de nós; a felicidade é um sentimento ligado a nossa alma. Não é o dinheiro nem os poderes que nos tornam pessoas felizes, e sim aquilo que nos faz bem. Muitas pessoas têm medo da felicidade e vivem de aparências; têm tudo e nada têm, vivem uma existência infeliz, sem conhecer o doce sabor da felicidade."

"Por que não falar diretamente com Deus sobre o que está em seu coração?

Diariamente devemos fazer nossa oração; não precisamos recitar palavras decoradas, mas expressar os sentimentos do coração. E um bom momento para falarmos com Deus é quando estamos deitados, relaxados. Em silêncio, podemos colocar nossos sentimentos, conflitos, mágoas, medos e temores na mão de Deus, e, confiantes Nele, pedir ajuda e amparo."

"O amor é um sentimento da alma; é livre para nascer em qualquer coração. Não podemos condenar qualquer tipo de amor. Quantas loucuras acontecem diariamente, quantas tristezas, quantas revoltas envolvendo homens e mulheres que se sentem rejeitados ou foram abandonados por seus parceiros, que se envolveram com outra pessoa. Feliz é quem encontrou o seu amor verdadeiro; quem ama não se engana."

"A vida é feita de escolhas e nós temos o livre-arbítrio para escolher o caminho que desejamos seguir. O bem e o mal caminham lado a lado, não interferem nem fazem campanhas do tipo "venha para o meu lado". Sabemos o que vamos receber de um e de outro. O diabo (mal) é tão conhecido no mundo inteiro quanto Deus (bem), e sabemos as diferenças que existem entre um e outro."

Pensamento cigano

Não passe por esta vida sem molhar os pés em um rio, sem conhecer uma queda-d'água, sem tocar nas brancas espumas que formam as ondas do mar.

Não passe por esta estrada sem sentir o perfume das flores, o cheiro do mel, sem ouvir o canto dos pássaros, sem deitar-se no chão, na sombra de uma frondosa árvore...

Não deixe de caminhar todos os dias, de colher e de plantar, de apreciar o nascer do sol, o clarão da lua cheia e as constelações que todas as noites aparecem no céu.

Repare no sorriso de uma criança, pare para ouvir o que o mais velho tem para lhe contar, repare nas diferenças de cultura, e não entre os homens.

Não se vá sem ter provado o sabor de um bom vinho, não parta sem ter ouvido o som de um violino.

Não envelheça sem ter soltado os movimentos do seu corpo numa dança fraternal. Sinta o poder do fogo em volta de uma fogueira. Sinta o cheiro da terra molhada pela chuva do verão. Repare nas folhas caindo nas tardes de outono. Repare na natureza, em suas transformações.

Acompanhe o nascer e o crescer de um homem. Seja o ser que Deus criou para não ter fim.

Não volte sem ter amado, sem ter sorrido, sem ter chorado...

Não tranque o seu coração, deixe sempre a porta aberta, todos os dias recebemos coisas novas que precisamos guardar. Solte os seus cabelos, solte seu cinturão, vamos juntos galopar; mesmo que seja em sonho, vale a pena galopar... Mesmo que os nossos cavalos sejam apenas imaginários, vale a pena sonhar. Feche os seus olhos e sinta o cheiro da relva molhada, o vento trazendo o som de um violino...

O cheiro bom de um assado...

Solte a sua alma, solte o seu coração, sinta, meu irmão, o que é paz; sinta o amor, a alegria e a liberdade!

Ser cigano

Não é apenas se vestir com belas indumentárias, encher o pescoço, os braços e os dedos de luxuosas peças. Não é apenas se exibir nos movimentos das danças, mostrar diferenças que de fato não existem entre os seres humanos.

Ser cigano é manter-se digno diante das dificuldades do seu povo, é sustentar-se e manter-se na cultura e nas tradições dos seus antepassados, é honrar o seu povo.

Ser cigano é abrir os braços para o universo, é amar por toda sua vida enquanto pelas estradas caminha com a mesma alegria que Deus lhe deu para vir ao mundo. Ser cigano é despertar em outras culturas, em outros irmãos, a essência simples e verdadeira da alegria e da felicidade de apenas existir.

O cigano é admirado pelo homem grande de espírito, invejado e copiado pelos pequenos de espírito. Os ciganos são tão superiores e bondosos que eles não imitam ninguém, não roubam os espaços nem as ideias dos não ciganos, mesmo tendo a certeza de que muitos se aproximam deles não pelo desejo de conhecê-los e ajudá-los, mas no ensejo de colher suas essências sagradas e vendê-las como sendo relíquias. Porém, é bom lembrar que o índio e o cigano, senhores que atravessaram todos os continentes, não deixaram por escrito de onde trouxeram os seus conhecimentos, e certamente esses valores da alma cigana e indígena são passados àqueles que caminham com eles pelas matas e estradas – estes sagrados povos não deixaram o sagrado jogado nas mãos de qualquer um.

Com todo o meu respeito e amor pelos espíritos ciganos e pelos ciganos encarnados, saúdo Santa Sara Kali pedindo proteção para o seu POVO.

SALVE OS CIGANOS DE LUZ!

Poesia cigana dedicada às mulheres ciganas
Ditada por Salem

Sangue cigano

Na noite escura de inverno,
a chuva cai devagar,
parece até castigar,
nada se ouve, nada...
nem menino chorar,
só se ouve um violino,
mexendo nos corações,
de quem tem o que lembrar.

Na janela da carroça,
em seu vestido rodado,
seus belos cabelos negros,
alguém secou uma lágrima,
seu coração não aceita
por outras mãos ser tocada.

Destino, cruel destino,
Por que cigana nasci?
O que será de mim?
Quero morrer para ficar
guardada em seu coração,
lembrada por todo o sempre,
nos acordes do violino.
vou caminhar pela estrada,
perder-me na escuridão,
não será tão diferente,
já me perdi na paixão,
não suportaria viver,
presa em outro coração.

Vou cravar o meu punhal
no lado esquerdo do peito,
desenhar um coração
e dentro dele morrer,
do meu sangue há de nascer
rosas rubras que irão
sempre acompanhar você...

Av. Porto Ferreira, 1031 | Parque Iracema
CEP 15809-020 | Catanduva-SP

www.**lumeneditorial**.com.br
www.**boanova**.net

atendimento@lumeneditorial.com.br
boanova@boanova.net

 17 3531.4444
 17 99777.7413
 @boanovaed
 boanovaed
 boanovaeditora

Acesse nossa loja

Fale pelo whatsapp